U0336145

Survival
From Crisis

陈春花管理经典

危机自救
企业逆境生存之道

陈春花 著

机械工业出版社
China Machine Press

图书在版编目（CIP）数据

危机自救：企业逆境生存之道 / 陈春花著. —北京：机械工业出版社，2020.3
（陈春花管理经典）

ISBN 978-7-111-64841-3

I. 危… II. 陈… III. 企业管理－风险管理－研究－中国 IV. F279.23

中国版本图书馆 CIP 数据核字（2020）第 030242 号

危机自救：企业逆境生存之道

出版发行：机械工业出版社（北京市西城区百万庄大街 22 号 邮政编码：100037）

责任编辑：李晓敏　　　　　　　　　　　责任校对：殷　虹

印　　刷：大厂回族自治县益利印刷有限公司　版　　次：2020 年 3 月第 1 版第 1 次印刷

开　　本：154mm×230mm　1/16　　　　印　　张：13.5

书　　号：ISBN 978-7-111-64841-3　　　定　　价：59.00 元

客服电话：（010）88361066　88379833　68326294　　投稿热线：（010）88379007
华章网站：www.hzbook.com　　　　　　　　　　　读者信箱：hzjg@hzbook.com

2020 涅槃时刻

那些活在未来的人，

所能做的就是与现在的自己做斗争。

挑战自己，方有未来；

做好自己，方可共生；

先有利他，方能利己；

这是结束，这是开始。

| 目　录 |

引　言　按下暂停键的春节

第一章　危机中寻求答案 　　　　　　　　　　　001

疫情危机爆发　　　　　　　　002
迎战另一场危机　　　　　　　013
寻求答案　　　　　　　　　　020

第二章　极速认知调整 　　　　　　　　　　　027

与危机共处　　　　　　　　　030
坚定自我发展的信心　　　　　035
进化应对而非预测判断　　　　040
四个自我调适的心态　　　　　046
不确定的是环境，确定的是自己　　052

第三章　卓越领导力 　　　　　　　　　　　　057

真正的领导者　　　　　　　　060
担当与高效行动力　　　　　　064
经营意志力　　　　　　　　　068
企业社会责任　　　　　　　　072

第四章　四个关键行动 　　　　　　　　　　　081

效率制胜　　　　　　　　　　084
模式创新　　　　　　　　　　089
以"我"为主　　　　　　　　094
贴近顾客　　　　　　　　　　100

第五章　保有现金流　107

挑战极限式地降低成本　110

业务价值"加减法"　114

释放员工的能量　118

第六章　底层逻辑　125

所有的成功都是人的成功　128

结果基于意愿，始于行动　131

要想保持领先，唯有更用心　135

分享与共生是关键　139

第七章　变革之路　147

数字化变革：拥有数字化能力　149

发展模式变革：共生价值成长　156

组织管理模式变革：领导优于管理　162

工作模式变革：智能协同　167

公众沟通与传播模式变革：私域流量的影响　173

结　语　伟大的名字总有它的分量　179

附　录　答记者问　182

致　谢　197

按下暂停键的春节

2020 年春节之前，我早早预订了广州从化碧水湾温泉度假村酒店，打算全家春节在这里聚会。按计划，妈妈、姐妹和孩子们将分别从纽约、北京、南京、东莞、顺德赶到广州，大家齐聚在一起度过春节假期。

过年，过的应该就是这份家人的团聚吧。平时我们在天南地北，虽然技术带来了极大的便利，家人们可以随时在线相聚沟通，语言、图像、文字都可以完整表达彼此的爱和关注，但是真正的温暖，还必须是面对面的，甚至有时不需要语言、图像、文字。当家人围坐在一起的时候，那氛围和气息，本身就透着温馨与爱意。

我在"春暖花开"①中为这个春节写道：这最幸福的时刻，就停驻在过年的时光里。我们带着一年的收获、最美的期待、最好的心情，走在回家过年的路上；我们带着一年的丰盛、最富有的状态、最豪爽的语境，围坐在年夜饭的桌旁；我们带着一年的辛劳、最疲惫的身躯、最平实的渴望，回到家中汲取辞

---

① 陈春花老师的微信公众号名称。

旧迎新的力量。

春节，是中国人最重视的传统节日。这几年春节前后，都会出现"周期性全球最大规模的人口迁徙"——春运。国家发改委的数据显示，2019年春运，全国旅客发送量达29.8亿人次。其中，全国铁路累计发送旅客4.1亿人次，首次突破4亿人次，同比增加2539.2万人次；道路发送旅客24.6亿人次；水路发送旅客4000万人次；民航发送旅客7300万人次。

商务部发布的数据显示，2019年春节黄金周期间，全国商品市场保持平稳较快增长。除夕至正月初六（2月4日至10日），全国零售和餐饮企业实现销售额约10 050亿元，破万亿元。2019年春节假期，全国旅游接待总人数4.15亿人次，实现旅游收入5139亿元。2019年中国春节档电影总票房为68.68亿元。

2019年的春节数据可以让大家大致了解春节的盛况。来到2020年的春节，全国上下，各行各业的企业都做好了服务春节、给国人一个丰盛美好的节日的准备，火热的交通、旅游、餐饮、零售和院线更是准备充足。我们也都带着过节的心情，走在归家的途中。

然而，从2020年1月23日《武汉市新型冠状病毒感染的肺炎疫情防控指挥部通告（第1号）》发布开始，这个春节变得完全不一样了。

武汉市新型冠状病毒感染的肺炎疫情防控指挥部通告

（第 1 号）

为全力做好新型冠状病毒感染的肺炎疫情防控工作，有效切断病毒传播途径，坚决遏制疫情蔓延势头，确保人民群众生命安全和身体健康，现将有关事项通告如下：

自 2020 年 1 月 23 日 10 时起，全市城市公交、地铁、轮渡、长途客运暂停运营；无特殊原因，市民不要离开武汉，机场、火车站离汉通道暂时关闭。恢复时间另行通告。

恳请广大市民、旅客理解支持！

武汉市新型冠状病毒感染的肺炎疫情防控指挥部

2020 年 1 月 23 日

随着武汉疫情防控战的启动，全国进入紧张状态，人们忽然意识到这个春节不一样了。1 月 24 日除夕，我和家人本该驱车去酒店，但是我决定打电话给酒店取消预订，同时我也要求家人各自留在自己家里，不要再来广州参加春节聚会，杜绝在路上走动。第一次和孩子们说这个决定的时候，大家还存有侥幸的心理，希望等等看再做决定，但是，我觉得不能有侥幸的心理，应该立即行动起来。

行动最快的是医护人员和医学专家，在家人团圆的除夕，在武汉"封城"的第二天，医护人员却坚定地踏上了离家的路。面对疫情，他们不顾个人安危，义无反顾选择逆行，驰援武汉。在这群逆行的防疫一线医务工作者中，有的人放弃休假，有的人已退休又重返岗位，有的人已踏上回家之路却毅然返程……他们迎难而上，只为赶赴前线尽自己所能救人治病。他们在全国各地以最快的速度集结出发，成为这个春节最美的"逆行者"。

84岁的钟南山院士和73岁的李兰娟院士亲临武汉一线，并给出专业的见解，这些清晰的声音是一种稳定的力量；全国各地的医护人员按下鲜红的手印，请求奔赴一线，一线的医护人员成为最可依靠的肩膀；86岁的闻玉梅院士1月22日连夜撰写科普文章，谈新型冠状病毒感染的肺炎防控，以通俗易懂的方式，帮助人们获取专业知识，这些专业意见提供了最有效的能量。

深受他们的影响，我和知室小伙伴也快速行动起来，在除夕这一天，知室小伙伴开始制作和"病毒与防控"相关的科普课程。闻玉梅院士更是披挂上阵，组织8位院士和数十位医学科研界科学家及临床医生，创新设计了"医学与健康"微专业课程。课程的主讲人张文宏教授，不仅是华山医院感染科主任，也是上海医疗救治专家组组长。张文宏教授1月22日晚上10点半忙完，接着接受《文汇报》记者的科普采访，23日更是在午夜疫情巡视回来的航班上，与知室小伙伴沟通科普课程的制作。我们感恩课程中的每一位老师，正是你们，鼓舞我们去做力所能及的贡献。经过连续数十小时的轮换加班，我们终于做好了系列科普视频课程。我们把这些课程命名为"新春第一课"，于大年初一（1月25日）如期在"春暖花开"公众号中推出。

行动快的还有企业和企业家。1月24日，腾讯宣布捐赠3亿元，设立第一期新型肺炎疫情防控基金，马化腾24日在微信朋友圈中说："阖家团圆之际，不忘紧急救援。"同一天，美的家用空调捐赠建设火神山医院通风系统和循环系统等所需的空调产品，同时美的集团的100名安装人员均准备就绪，奔赴现场。1月25日，阿里巴巴集团设立10亿元医疗物资供应专项基金，同时尽可能地保障武汉地区人民的生活，以及确保所有捐赠通道一路畅通。1月26日，美的集团向湖北疫区捐赠1亿元。同一天，新希望集团第一时间响应，旗下兴源环境科技主动请缨，近百名员工从除夕当天就夜以继日，火速参建武汉火神山医院、雷神山医院污水处理工程，为抗击疫情争分夺秒。

其实在这个时候，人们还不知道真正的挑战和考验会随之而来。人们只是按照要求不再去人多的地方，响应政府号召，尽量在各自最小的范围内活动，大部分城市开始取消各种集会、大型活动等。此时，疫区外的人只是改变了春节度假的方式，还未从心理上调整自己。

接着，国务院办公厅1月26日发布关于延长2020年春节假期的通知。

> 各省、自治区、直辖市人民政府，国务院各部委、各直属机构：
>
> 经国务院批准，为加强新型冠状病毒感染的肺炎疫情防控工作，有效减少人员聚集，阻断疫情传播，更好保障人民群众生命安全和身体健康，现将延长2020年春节假期的具体安排通知如下。
>
> 一、延长2020年春节假期至2月2日（农历正月初九，星期日），2月3日（星期一）起正常上班。
>
> ……………

紧接着，一些地区又通知继续延长假期，正式上班时间延迟到2月10日。各地开始出现更加严格的疫情防控措施，很多城市之间、乡村之间的道路被隔断，生活小区开始严控，有些地方每户只准许一人外出购物，出入登记，要求人人佩戴口罩，每个人要自我隔离在家。

人们开始真正感受到疫情"危机"的信号：每天"肺炎疫情实时动态"报告，各地驰援武汉的信息，企业和个人捐赠的信息，口罩、防护服等疫情救治物资的信息，疫区医护人员的信息，等等。信息从微信朋友圈、微信公众号、微博等自媒体大量涌出。由于疫情防控的要求，人们都需要自我隔离与保护，安守在家中，除与疫情救治和防控相关的企业需要加班赶工外，大部分企业的生产和工作停滞了，线下商业活动、线下娱乐活动都停了下来。但是，人们同时生活在信息世界里，微博、微信等媒介把人们完全包裹在一起，高度渲染而又真假难辨的"有关病毒专业知识"纷纷出现，无法确认而又被广泛传播的"正在发生的事件"令人充满恐慌。

忽然间，我们生活在两个平行的世界里：一个是物理隔离的世界，一个是永远在线的世界。一切事物都在实时、实地、永不停歇地发生着，一切事物又都在你的物理世界之外。无论身在何处，我们都几乎处在事态之中，却又无法分辨信息，让我们仿佛僵住了一样，在一种永远在线的现实中，显得手足无措。

一个本来应该热闹非凡、喧嚣纷繁的春节，忽然沉静了下来，每个人、每个行为、每个安排，都在"无声"之中展开。国家大剧院上演了一场没有一名观众的剧目，艺术家们都戴着口罩，饱含深情地演唱起《天使的身影》这首歌曲，用这样的方式表达对奋战在一线的医务工作者最崇高的敬意。正月十五央视元宵晚会，这台时长为一个多小时的特别节目，为确保防疫工作严密到位，取消了现场观众的设置。

实体商场、商店、餐厅、影院都暂停营业，路上几乎没有行人，没有车辆，哪怕是偶尔在小区相遇，大家也都很默契地保持距离。这个春节没有走亲访友，没有聚餐叙旧，只有想尽办法做好个人防护。大家都知道，守护好自己就是为疫情防控战出力。

到了 2 月 10 日，一部分企业开始复工，但是还有一部分企业，如阿里巴巴、腾讯等继续延期复工，各类学校也要求在线开学，学生不能返校。

2020 年春节，我们一起按下了暂停键。

我们要学会思考，人类应该如何调整自己的步伐与期许

第一章 危机中寻求答案

1918 年大流感的始末不是一个简单的关于毁灭、死亡和绝望的故事，也不仅仅是一个社会如何与自然强加于人类社会的灾难做斗争的故事，它还是一个关于科学和探索的故事，一个关于人们应该怎样改变思维方式的故事，一个关于人们在近乎完全混乱的环境中应该怎样冷静思考然后做出果敢抉择并付诸行动，而不是无谓地长时间争论的故事。

——约翰·M. 巴里（John M. Barry）

《大流感：最致命瘟疫的史诗》

2020 年春节，暂停键按下。

一开始，我们被新型冠状病毒感染的肺炎（简称"新冠肺炎"）冲击得措手不及，在一个人类还不认识的病毒面前不得要领。

疫情危机爆发

◎ 1 月 18 日　国家卫健委派钟南山院士、李兰娟院士等专家组成的高级别专家组到武汉。

◎ 1 月 20 日　钟南山接受《新闻 1+1》白岩松连线采访，声明新型冠状病毒感染的肺炎肯定存在"人传人"，引起了大家的重视。

◎ 1 月 20 日　国家卫健委公告，对新型冠状病毒采取甲级防控。

◎ 1 月 23 日　交通运输部通知，武汉"封城"。

1月23日　武汉市城建局紧急召集中建三局等单位举行专题会议，要求建造一所专门收治新冠肺炎病人的医院——火神山医院。

1月24日　首批全国各地医护人员驰援武汉。

1月25日　武汉市新型冠状病毒感染的肺炎疫情防控指挥部紧急召开调度会，决定在半个月之内再建一所专门收治新冠肺炎病人的医院——雷神山医院。

1月26日　国家卫健委宣布新型冠状病毒潜伏期具有传染性。

1月26日　国务院办公厅发布《关于延长2020年春节假期的通知》。各类学校延迟开学。

1月27日　上海市要求企业2月9日之后开工，其他地区陆续要求企业延迟开工。

1月31日　世界卫生组织（WHO）将新型冠状病毒列为"国际关注的公共卫生紧急事件"（PHEIC）。

2月1日　美方发布重要通告：所有美签全部暂停！美国国

务院劝阻美国公民别去中国，撤离美国大使馆所有亲属，达美航空暂停飞往中国的所有航班。

2月2日　苏州首发"十条政策意见"——全力支持中小企业共渡难关。

2月3日　已有71个国家对中国采取限制入境措施，部分学校针对中国留学生延迟入学。

2月8日　火神山医院与雷神山医院均投入使用。

2月10日　已累计从全国调派11 921名医护人员驰援湖北。

短短不到一个月的时间，武汉疫情步步趋严。我无法描述"新型冠状病毒"是一个什么样的病毒，虽然我也用尽办法去理解，但是每一天看到的信息与资讯，都让我无时无刻不在疫情危机的冲击之下。

除夕（1月24日），第一批医护人员驰援武汉，他们当中有人说："不是觉得自己高尚，只是觉得一线医护人员紧缺，自己一辈子没当过逃兵，这一次也不能离开。"有人说："我是一个有25年工作经历和15年党龄的党员，如有需要，我申请加入医院的各项新冠肺炎治疗活动，不计报酬，无论生死！"84岁的中国工程院院士钟南山教授再次临危受命，出任国家卫健委高级别专家组组长。在建议公众"没有特殊情况，不要去武汉"的同时，他自己却义无反顾地赶往防疫最前线。广东南方医科大学南方医院千名医护人员请战，上海派出三批华山医院医疗队，四川派出135人组建第一批援助医疗队，江苏数十位医护人员集结完毕。

2月7日，北京大学医学部第四批334名白衣战士组成超强阵容赴鄂，至此北京大学医学部总计427名医护人员与死神赛跑，不惧危险冲锋在前。早在1月30日早上8点，国家援鄂医疗队北京大学人民医院的13名医护专家和1名感控专家就赶赴华中科技大学同济医院中法新城院区隔离病房。这里有27名新型冠状病毒感染的肺炎确诊或疑似病患正等待着他们救治。医疗队员被防护服包裹得严严实实，谁也不认得谁。为方便工作交流，大家在防护服上写下名字，同时也写下"加油""有我在，别怕"等鼓励、暖心的词语。名字给同事看，"加油"给患者看！援鄂医疗队员、北京大学人民医院呼吸内科暴婧医生跟大家说："不用写我的名字了，就写'不怕'吧！我是谁不重要，就希望患者们看到了能不再害怕。"

在这场抗击疫情的战斗中，武汉一线医护人员身负的危险、压力和疲惫，我们都看在眼里。躲避危险、保护自己是人的本能，但是他们却选择坚守一线，向险而行。这是他们职业精神的呼唤，是医者仁心最好的诠释。让我们记录下他们的身影，向勇敢的"逆行者"致敬。

在武汉同济医院，这些天，医护人员在人手相当紧张的情况下，每天超负荷工作，顶着难以想象的巨大压力，争分夺秒与疾病赛跑。武汉大学中南医院的隔离病房收治了十多名疑似新型冠状病毒感染的患者，他们的生活起居全部由医护人员照料。1月25日凌晨3点，武汉金银潭医院隔离病房医生值班室的呼叫灯忽然闪起来，值班的余亭医生立刻赶到病房。突发状况的是一位老人，余亭医生和护士进行了及时救治，之后一直守在老人的身边。当他们走出隔离病房时，已经是6点多了。就在余亭医生抢救患者的时候，他的妻子丁娜正在重症病房忙碌着。武汉金银潭医院从2019年12月29日开始收治病人，28天了，夫妻俩都守在各自的病房里，一个在4楼，一个在6楼，虽是楼上楼下，想见上一面却很难。在医护人员的耐心治疗和安抚下，这里的患者不再像刚进来时那样紧张无助，他们渐渐平静下来，对治疗也越来越有信心。

事实上，已经有一些医护人员在救治病人的过程中，不幸被感染，甚至付出了生命。武汉协和医院就收治了15名特殊的确诊患者，他们全部是在一线救治病人的过程中被感染的医护人员。他们的情况如何，牵动着全社会无数人的心。

武汉市中心医院的护士长唐莎在微信朋友圈发了这样一段话："哪有什么白衣天使，不过是一群孩子换了一身衣服，学着前辈的样子，治病救人，和死神抢人罢了……"

为了和时间赛跑，另一个战场，同样是在打硬仗。有网友整理出了一份"火神山建设不完全手册"，看着让人泪崩。"哪有什么'基建狂魔'，只有争分夺秒的'生死时速'。不用无谓的'震惊、喝彩'，只要绝不放弃的咬牙坚持。屏息，忍痛。全村的龙把最硬的鳞给你，哪怕自己也是伤痕累累。"我想把这份文件⊖完整转载如下，让我们回望这一切时，可以透过它去铭记。

> 首先，你需要一个紧急命令：由中建三局牵头，武汉建工、武汉市政、汉阳市政等企业参建，在武汉知音湖畔 5 万平方米的滩涂坡地上，指挥 7500 名建设者和近千台机械设备，向全体国人和备受煎熬的武汉市民立下军令状——"10 天，建成一所可容纳 1000 张床位的救命医院"。
>
> 紧接着你需要北京中元国际工程设计研究院在 78 分钟内，将 17 年前小汤山医院的设计和施工图纸全部整理完善，然后毫无保留地提交给武汉中信建筑设计院，并由全国勘察设计大师黄锡璆博士反复叮嘱经验得失。
>
> 你需要中信建筑设计院在 1 小时内召集 60 名设计人员，同时设立公益项目，联络全国数百名 BIM 设计师共同参与，全力以赴投入战斗：24 小时内拿出设计方案，60 小时内与施工单位协商敲定施工图纸。

⊖　资料来源于共青团中央微博"火神山建设不完全手册"，2020 年 2 月 8 日发布。

你需要武汉航发集团迅速进场，开始场地平整、道路以及排水工程施工，同时由两家上市公司——高能环境和东方雨虹组成紧急工程建设团队，负责防渗工程、污水处理和医疗垃圾转运设施建设；还要在最困难的时候召唤中铁工业旗下中铁重工，火速增援，追赶工期。

你需要国家电网的260多名电力职工不眠不休24小时连续施工，在1月31日前完成两条10千伏线路迁改、24台箱式变压器落位工作、8000米电力电缆铺设，并按时开始送电。

你需要亿纬锂能在电力电缆铺设完成前，紧急提供静音发电车，以解决通信基站等关键设备的应急供电问题。

你需要华为、中国移动、中国电信、中国联通、中国铁塔、中国电子、中国信科等前后方企业紧密配合、协同作战，在36小时内迅速完成5G信号覆盖后，交付云资源、核心系统的计算与存储设备，并建成与解放军总医院的远程会诊系统。

然后你可以在三棵桂花树后架设一个摄像头开通直播，再召唤几千万个云监工，看着由三一重工、中联重科、徐工机械支援保障的"送灰宗""呕泥酱"们24小时忙忙碌碌。

你需要中石油现场加油车，并征用中石化知音大道加油站为项目现场提供油品保障，同时提供方便面、开水，开会场地和临时厕所。

你需要三峡集团鄂州电厂全部生产人员驻厂，为武汉用电提供保证；中国铁建高速公路优先放行火神山医院物资；宝武钢、浙商中拓、五矿发展提供钢材；中国建材提供石膏板、龙骨。

你还得用中国外运送来的食品、中粮集团捐赠的粮油为数千名工人供应一日三餐；需要在一天之内由湖北中百仓储联手阿里巴巴旗下淘鲜达建成一个"无接触收银"超市，为工人和医务工作者便捷、安全地提供生活物资。

施工中，你需要华新股份的水泥、河北军辉的防火涂料、正大制管的镀锌圆钢、华美节能的橡塑绝热保温材料、惠达卫浴的5931件马桶和龙头、海湾安全的消防报警器、佳强节能等三家企业的3500套装配式集成房、新兴际华的球墨铸铁管、永高股份的市政及建筑管道、中国一冶的4800套钢构件、株洲麦格米特的50套电源设备、上海冠龙公司的2000台阀门。

房子建好，接下来是装修，你需要中建深装的100名管理人员、500名施工人员，在3天内完成室内外地胶铺设、卫生间和缓冲间地砖铺设以及200余间病房的室内装饰任务。

装修完成，接下来是信息系统建设，你需要联想集团提供的全套2000多台计算机设备和进驻现场的专业IT服务团队，TCL电子提供的全部公共LCD显示屏，小米提供的平板电脑，紫光、烽火通信、奇安信提供的网络及安全设备，卫宁健康提供的互联网医院云平台。

专业设备必不可缺，你需要影联医疗、上海信投、东软集团的CT设备，潍坊雅士股份的ICU病房和手术室专用医疗空调，上海集成电路行业协会的热成像芯片，上海昕诺飞的930套紫外消毒灯，欧普照明的专业照明设备，乐普医疗的2000支电子体温计与700台指夹血氧仪，汇清科技和奥佳华的专业空气净化器，猎户星空的医疗服务机器人，欧亚达家居的物管团队和床铺物资。

以上所有的物资运输，都依赖于顺丰、中通、申通、韵达、EMS、阿里巴巴物流平台等中国物流巨头联合开通的国内及全球绿色通道，免费从海内外各地向武汉运来。

最后，让专业团队安装好格力空调，等工程师背着冰箱赶到现场（因为道路封闭），把美的饮水机、热水器安置到位。门外，由宇通客车和江铃集团捐赠的几十辆负压救护车已经整装待发。

你想到的，总会有人及时提供；你想不到的，也会有人提供。

价值 20 万元的文件柜，14 家洛阳家具企业连夜赶工，发货后才告诉你"不用买，我们捐"。

8000 斤冬瓜、上海青、香菜，是河南沈丘白集镇退伍老兵王国辉驱车 300 公里，在大年三十直接送到工地的。

1 吨"资中血橙"，是并不富裕的四川资中县水南镇农民黄成精挑细选发来的。

400 个板凳，是营业不到一年的淘宝店主金辰不忍看到昼夜赶工的工人们席地而坐捐献的。

37 岁的武汉自由影视工作者、视频博主"蜘蛛"（微博名："蜘蛛猴面包"），从"封城"的第一天开始，每日坚持拍摄视频日记，向大家展示武汉人的生活。在他的镜头下，昔日热闹的城市笼罩在寂静下，但城里的人们努力生活着，与病毒做斗争。视频里有艰难困苦，但更多的是感动。视频发布后，累计播放量突破千万，众多网友发来为武汉加油的留言。

1 月 23 日，为了全力抗击疫情，常住人口超过千万、素有"九省通衢"之称的武汉，史无前例地宣布"封城"。当天上午 10 时起，武汉城市公交、地铁、轮渡、长途客运暂停运营，机场、火车站离汉通道暂时关闭。突然被按下了"暂停键"的城市，一下变得安静起来，看到网上出现的关于疫情的谣言与断章取义的言论，视频博主"蜘蛛"在微博中写道："作为武汉人，我支持这一次'封城'，只有这样才能防止病毒扩散，以及集中最好的资源来解决病毒问题。""实际上整座城市秩序一如往常，绝大部分人都待在家里，超市只有蔬菜与方便面销量变大，后期一定会持续稳定补货，有全国各地的支持，我们相信肯定会很快渡过难关。"

在视频博主"蜘蛛"每一天的镜头里，我们可以看到取消假期的医护人员返回岗位；看到自愿参与护送医护人员上下班的志愿者车队；看到为医护人员提供免费住宿的酒店；看到雷神山医院建设工地，在现场，许多民间工程车志愿者加入了建设队伍，大家都在为医院的早日建成没日没夜地努力；看到给医院运送物资的志愿者车队，他们为武汉市几家医院送去矿泉水、方便面等物资。志愿者队伍中，还有一位外国友人，被问及参与这项活动的原因，在武汉待了7年的他微笑着回答："我乐意这么做，因为我住在这里。"我们还看到普通武汉人是如何度过这个特殊的春节的；看到被困在家中的小猫；看到朋友间、陌生人之间的真情。⊖

这是一场硬仗，从中央到地方，从组织到个体，没有人可以置身事外，我们都在疫情危机之中。

⊖ 资料来源于"蜘蛛猴面包"微博视频，2020年1月23日第一天发布。

迎战另一场危机

按下暂停键的生活，让人开始担心疫情导致的另一场危机将要来临。

清华大学经济管理学院金融系教授朱武祥等人对全国 31 个省、直辖市和自治区（以及香港、台湾）995 家中小企业受武汉新型冠状病毒感染的肺炎疫情影响的情况及诉求进行了问卷调查。调查显示，从账上现金余额能维持企业的生存时间来看，34% 的企业只能维持 1 个月，33.1% 的企业可以维持 2 个月，17.91% 的企业可以维持 3 个月，能维持 6 个月及以上的企业只有 9.96%。

如何应对现金流短缺？调查显示，22.43% 的企业计划减员降

薪，16.2% 的企业选择停产歇业，这两项影响就业的选择合计占
38.63%。还有 10.16% 的企业选择民间借贷，21.23% 的企业准备
贷款，13.58% 的企业选择股东增资。⊖

很多学者把此次疫情与"非典"危机相比较，大家普遍得出
的结论是，此次危机较 2003 年的"非典"危机对经济的影响可能
更大。一是经济下行压力更大，外部国际环境更差，包括全球需求
疲软、贸易战等；二是当下经济对消费刺激和服务业的依赖性更
强。"非典"时期，消费服务业对国民经济的贡献率只有 39%，今
天，第三产业对于宏观经济的贡献率大幅提升至 59.4%。以旅游业
为例，世界旅游城市联合会首席专家魏小安表示，2019 年中国旅
游业总收入为 6.5 万亿元，平均每天 178 亿元，按以往旅游业每年
20% 的复合增长率计算，2020 年旅游业每天的损失就达到惊人的
200 亿元。北京第二外国语学院旅游管理学院院长厉新建测算，仅
春节季旅游市场的直接损失就超过 5000 亿元（完全冻结）。

据恒大研究院的报告，2020 年春节期间，新型冠状病毒感染
的肺炎疫情迅速向全国蔓延，举国上下共同抗击疫情，为避免人
口大规模流动和聚集，采取了居家隔离、延长春节假期等防控措
施。疫情将打断中国经济 2019 年年底的弱企稳，在经济下行压
力较大的背景下，破 6 是大概率事件，一季度可能破 5。他们的
主要研究结论如下。

⊖ 朱武祥、刘军、魏炜，"清华、北大联合调研 995 家中小企业，如何穿越 3 个
月的生死火线"，中欧商业评论（ID：ceibs-cbr），2020 年 2 月 5 日。

1. 对宏观经济的影响：需求和生产骤降，投资、消费、出口均受明显冲击，短期失业增加，物价上涨。防控疫情需要人口避免大规模流动和聚集，隔离防控，因此大幅降低消费需求。工人返城、工厂复工延迟，企业停工减产，制造业、房地产、基建投资短期基本停滞。一旦被WHO认定为疫区，出口可能受较大影响。2003年"非典"时期，二季度中国GDP同比增速较一季度大幅快速回落2个百分点。

2. 对中观行业的影响：餐饮、旅游、电影、交通运输、教育培训等行业受到的冲击最大，医药医疗、在线游戏等行业受益。2019年春节档票房为58.59亿元，2020年春节档颗粒无收。2019年除夕至正月初六（2月4日至10日），全国零售和餐饮企业实现销售额约10 050亿元，2020年同期受损严重。2019年春节假期，全国旅游接待总人数4.15亿人次，实现旅游收入5139亿元，2020年同期锐减。1月底交通运输行业出行人次减少约七成。房地产行业暂停销售活动。建筑业、金融业、农林牧渔等行业受到波及。简单估算，电影票房70亿元（市场预测）+餐饮、零售5000亿元（假设腰斩）+旅游市场5000亿元（完全冻结），短短7天，仅这三个行业直接经济损失就超过1万亿元，占2019年一季度GDP（21.8万亿元）的4.6%，这还不包括其他行业。

3. 对微观个体的影响：民营企业、小微企业、弹性薪酬制员工、农民工等受损程度更大。

> 4. 对资本市场的影响：短期利好债市，利空股市（医药、在线娱乐除外），但中期仍取决于经济基本面和趋势。
>
> 5. 长期影响：政府治理将更透明，生产生活业态将朝着智能化、线上化发展，风险中酝酿机遇，或将催生新的业态。○

《时代周报》记者杨佳欣的采访，让我们更深刻地感受到中小企业的危机，在杨佳欣的报道中，2月7日，北京KTV巨头"K歌之王"宣布于2月9日，即北京市准备正式上班的前一天，与全部200多名员工解除劳动合同，如果有30%的员工不同意此方案，公司将进行破产清算。2月6日晚间，北京知名IT培训机构"兄弟连教育"创始人李超表示，因受疫情影响，即日起，"兄弟连教育"北京校区停止招生，员工全部遣散。此前，一家企业董事长在接受媒体采访时指出，公司账上的现金流扛不过3个月。董事长的一番话引发舆论哗然。中小企业经营者压力之大可想而知。○

在上海交通大学安泰经济管理学院与上海交通大学行业研究院发布的《新冠肺炎疫情对若干行业的影响分析》○中，陈宏民教授认为，疫情影响分为三个阶段：

○ 任泽平等，"疫情对中国经济的影响分析与政策建议"，2020年1月31日，"泽平宏观"微信公众号发布。

○ 旅游业遭遇"退改潮"：停摆一天损失178亿 期待疫情过后强势反弹，http://www.time-weekly.com/html/20200211/266605_1.html。

○ https://news.sjtu.edu.cn/mtjj/20200211/119811.html。

"

第一阶段正在发生，可称为"对行业的当期影响"。在这期间，传统服务业几乎完全停摆，酒店旅游业几乎全部停业，交通餐饮业也是苟延残喘，很不规范，运行越多亏损越大，处在被动运行阶段。在相当一部分城市，绝大部分传统服务业如餐饮、快递、外卖、家政等从业人员来自城外，在这期间这些行业难以全面恢复运行。有一部分企业难以为继。制造业也会因为用工困难、成本上升、订单减少而陷入困境，勉强开工维持或者处于半停滞状态。当然也有些例外而得到迅猛发展的。如医药医疗和医疗器材等行业，会得到短暂的刺激性发展。

第二阶段大概在两个月之后出现，为期半年到一年，可称为"对行业的短期影响"。在这个阶段，一方面政府对人员流动的管控还适度存在，另一方面大部分国人依然保持着谨慎心态，虽然工作、生活开始正常，但短时间不会恢复原先的习惯。比如不愿意上街吃饭、抑制旅游冲动等。所以，在这个阶段，绝大部分传统服务业处于恢复性状态，但业务规模在三个月到半年里还难以恢复到往年同期水平。同时需求萎缩已经波及服务业和制造业，可能出现全方位的萧条状态。当然，政府会出台一系列刺激经济的举措，全国范围内的基础设施建设会继续进入高潮，与之相关的行业会得到激励；新型战略性行业如生物医药、人工智能等也会继续得到资本青睐而持续发展，甚至房地产业也会在一定范围内得以增长。

第三阶段大概会在一年后出现，可称为"对行业的长期影响"。这时绝大部分需求都恢复正常。不过许多行业在过去的一年里经历了重新洗牌，好的企业弯道超车，脱颖而出；当然也有相当一批企业没能看到明年的春晚。有些行业在疫情中凤凰涅槃，通过转型升级获得新的发展。

我分别在"春暖花开"微信公众号及相关有影响力的媒体上撰文呼吁，在打好疫情防控战的同时，也需要打一场保护中小企业的防控战。中国管理学界16位教授联合呼吁，为中小企业纾困、逆境突围提出建议；"中国管理模式50人论坛"成员也共同提出建议，为激活中小企业献计献策。

与此同时，北京、上海、深圳、苏州、重庆、广东、山东、山西和四川等地出台多项政策为中小企业纾困，涉及加大金融支持力度、减轻企业税费负担、稳定就业岗位等。比如，北京推出19条措施，解决困难企业融资问题；上海出台实施失业保险稳岗返还政策、推迟调整社保缴费基数、延长社会保险缴费期、实施培训费补贴政策等措施，减轻企业负担；苏州提出了降低企业融资成本、减免房租、减免税费等10项措施。

2月7日，中国人民银行副行长、国家外汇管理局局长潘功胜表示，央行将提供3000亿元专项再贷款资金。值得注意的是，这笔专项资金将实行名单制管理。据悉，这笔资金将通过全国性的商业银行以及部分疫情比较严重省市的地方商业银行，向重要医用物品和生活物资的生产、运输和销售的重点企业提供优惠利率的信贷支持。

中国银行研究院资深经济学家周景彤在接受《时代周报》记者采访时表示，医疗物资生产、道路交通运输等关系到社会正常运转的行业，有必要优先获得政策的支持。截至 2 月 8 日，编辑成册的《应对疫情中央及地方支持性政策汇编》长达 328 页，由此可见，为保护中小企业，恢复经济、生活，各个部门和领域的人都在努力。

相关政策对缓解中小企业经营压力肯定是有帮助的，也可以在一定程度上恢复人们对市场的信心。但是，我们非常清楚，要想真正应对危机，还必须依靠企业自身的能力，包括企业自身的免疫能力、企业自救的能力，以及企业应对危机挑战快速应变的能力。

寻求答案

如何让企业在此次危机中找到应对的方式，是本书的主题。当我要去寻求答案时发现，很多人把 2020 年的新型冠状病毒疫情与 2003 年的"非典"疫情相比较，希望从中找到可借鉴的经验。大家谈论最多的，是 2003 年"非典"时期腾讯和阿里巴巴的腾飞故事，以及"非典"疫情让大家加快了对互联网的认识，还有"非典"之后，互联网行业得以高速发展的历史。查阅资料时，有三家企业在"非典"时期的表现让我深受启发，它们分别是京东、携程和新东方。17 年前的"非典"时期，从事家电零售的京东、做旅游服务的携程、开培训学校的新东方无疑遇到了巨大的挑战。但是，它们并未在挑战面前退缩，而是采用了积极应对的策略，快速行动，寻找生机，最终，不仅经受住"非典"疫情的巨大考验，还因"非典"危机获得了强劲增长，并成为各自行业的领先者。

2008 年全球金融危机爆发时，我为此专门写了一本书《冬天的作为》[⊖]，研究那些在逆境中增长的企业是如何获得增长的。正如我在书中写的那样：事实上，在每一个危机时代，都会涌现出一批成功的企业，我在研究和学习中，始终对那些经历了数次变革、度过各种危机、保持旺盛生命力的企业家与企业充满敬意，如亨利·福特（Henry Fort）与福特汽车、盛田昭夫（Akio Morita）与索尼、鲁伯特·默多克（Rupert Murdoch）与美国新闻集团、约翰·D. 洛克菲勒（John D. Rockefeller）与美孚石油、老托马斯·沃森（Thomas Watson Sr.）与 IBM、罗伯特·伍德拉夫（Robert W. Woodruff）与可口可乐，我相信还有许多人和许多公司战胜了经济危机。从这些行业背景截然不同、个性迥异的公司中，我们很容易看出，这些公司都有一个共同的重要特征：

坚信增长才是最重要的，增长不受环境的影响。

这些领导者及其领导的公司可能处在良性的环境中，也可能处在充满危机的环境中；可能处在一个高增长的领域，也可能处在增长已经陷入停滞的行业。但是，这些领导者及其领导的公司经过自身的艰苦努力，取得了同行无法企及的增长。年复一年，不管经济是处在繁荣阶段，还是处在衰退时期，保持增长都是他

⊖ 陈春花. 冬天的作为 [M]. 北京：机械工业出版社，2009.

们坚定不移的信念。

此时，身处新型冠状病毒疫情危机之中，我决定继续开展"企业如何应对危机"这个话题的研究。写作本书时，我将自己的目标定位为"解决当下危机并立足于长远发展"。我希望通过这个研究，可以及时为身处疫情危机中的企业带来一些新的思考和行动策略，同时也可以通过解决当下危机来打造企业长久的组织免疫力，为企业持续应对变化奠定基础。

当然，这些研究如何转化成为企业实践，还是需要倚重企业领导者，倚重他们的工作和成效，倚重他们的创造力，以及组织成员的高效执行力。如果这些研究有效果，也是他们真实的实践造就的。

本书是关于在危机中企业如何自救的手册，我尽可能在充分理解企业实践的基础上，呈现那些在危机中需要采取的思考和行动策略，它们由六个部分构成。

极速认知调整　危机一旦爆发，给人们带来的冲击是巨大的。在大部分情形下，人们会显得慌乱和手足无措，甚至不肯面对危机的到来。在这个时候，快速调整认知显得极为重要，它可以帮助人们理解和接受危机，只有面对危机，之后才能有所行动。如何快速调整认知，对每个企业都是一种挑战。需要在哪些地方做出努力，调整的速度如何，都将影响企业应对疫情危机的主动性和最终效果。

卓越领导力　对企业领导者的检验，在危机时会更加凸显。越是在危机时刻，越需要领导者发挥作用。那些可以在危机中崛起的企业，都因有卓越的领导者，克服一切困难，给组织成员以信心，带领大家摆脱危机，并获得新的发展。一个企业能否在疫情危机中胜出，取决于企业管理者的领导力。这对管理者意味着什么，对企业意味着什么，甚至对整个社会又意味着什么？本书以分析在此次疫情危机中挺身而出的几位医学科学家和医生的领导力，来说明这一点。

四个关键行动　应对疫情危机是一个与时间赛跑的选择，那些关键的时间窗口不仅仅是危机，也是生机。当危机带来资源失衡，经济下行压力加大的时候，企业怎样快速行动，是极为关键的，因为有效的行动对化解危机起着决定性作用。这些关键、有效的行动包括效率制胜、模式创新、以"我"为主、贴近顾客。在这个部分，本书更倾向于对企业实践进行总结，尤其是对发生在此次危机中那些鲜活的企业案例进行总结。

保有现金流　活下去是企业在危机中的基本选择，也是最表征的判断标准。企业能够活下去的核心关键是保有现金流，在危机中保有现金流是企业的共识与目标。如何克服危机带来的挑战并实现这一目标，是企业最基础的要求，甚至对很多中小企业而言是生死攸关的根本要求。如何做到保有现金流，涉及企业的财务观、员工共识、业务评价以及敢于做"加减法"。

底层逻辑　回归到行动背后的驱动力上，底层逻辑就会显现出作用来。为什么在相同的危机中，有的企业被淘汰，而另一些企业会崛起？究其根本是底层逻辑不同。本书分析了不同的危机时期不同企业的表现，得出本书提供的四个核心基本观念。就是在这些核心基本观念之下，人们拥有了应对危机的新能力，即超越危机环境的能力。

变革之路　最后一部分主要探讨如何把危机转为变革的契机，关注企业长久的发展和新成长的可能性。在这里，我们不畏惧危机的挑战，探索危机带来的新机会，确信会因变革而获得成长。因为企业发展史证明，唯有经历过重大危机的检验，企业才能清晰地了解自身的局限性，才愿意做出彻底变革，也才因此拥有可持续发展的能力。

Survival

From Crisis

当事情飞速发生，已然失去控制时，唯一的方法就是自己静下来

第二章　极速认知调整

一切苦难并非来自噩运、社会不公或是神祇的任性，而是出于每个人自己心中的思维模式。

——尤瓦尔·赫拉利（Yuval Noah Harari）

《人类简史：从动物到上帝》

认知，是指人们获得知识或应用知识的过程，或信息加工的过程，这是人最基本的心理过程。它包括感觉、知觉、记忆、思维、想象和语言等。人脑接受外界输入的信息，经过头脑的加工处理，转换成内在的心理活动，进而支配人的行为，这个过程就是信息加工的过程，也就是认知过程。人们认识客观世界，获得各种各样的知识，主要依赖于人的认知能力。

由认知的定义可以知道，面对外界输入的信息，认知能力不同的人，对于外界输入信息的加工和转换能力也不同，从而支配人做出不同的行为选择。

疫情爆发，一瞬间冲击与压力，担心与困顿，对疫情走势的不可预测，对爆炸的信息难辨真伪，这一切都交织与并存着。此时，人们的确无法预测疫情在何时结束，也无法预测疫情最终对经济和生活的影响有多大，但是人们仍可以大胆地拥抱未来，因为这是现实的选择——没有逃避的机会，也没有退缩的可能。

我们之所以觉得很困顿，是因为危机的冲击太大，危机下的环境太复杂并令人不安；是因为看不清现状，也无法预知未来。究其根本，是源于无法快速面对危机带来的冲击，无法让自己安定下来，甚至希望这一切不要发生。

其实，环境总是复杂与多变的，人生际遇并不是由环境决定的，而是取决于思维的瞬间。所以，确定与不确定，在我看来是一个有机的组合。确定性在我们自己的手上，不确定性在环境中，如果我们把确定性与不确定性两者组合起来，快速调整自己的认知，我相信，不确定性也会是我们的发展机遇，是我们真正成长的原动力。

因此，面对危机，快速调整认知是企业首先需要做出的选择。当我们把认知调整好，就拥有认知危机的能力，知道如何了解危机中的各种知识，知道如何对危机中的信息进行加工，为应对危机打下心理基础——既是管理者的心理基础，也是组织的心理基础。

调整认知，需要在以下 5 个方面做出努力：①学会与危机带来的不确定性共处；②坚定自我发展的信心；③进化应对而非预测判断；④学会自我调适的心态；⑤不确定的是环境，确定的是自己。

与危机共处

此次疫情带来的危机已经发生了一段时间，但是从各种传播的信息，从身边发生的事情来看，我们并未做好与危机带来的不确定性共处的准备。人们还是期待有一个清晰的专业判断，有一个时间节点，有一个明确的解决方案，帮助我们去应对危机。但事实上，疫情持续的时间和政策的对冲力度都将带来不确定性。1 月 30 日之前，我们还仅仅认为这是中国自己的事情，而在这一天之后，便成为全球的公共事件，由此会带来什么样的影响，将在更大范围内具有不确定性。

危机下的不确定性会持续发生，所以我们所需要的，不仅是直面它的勇气，更需要有认知它的能力，有与它共处的能力。如何做到这一点？核心是改变自己。亦即，我们需要要求自己接受不确定性变为经营条件这个事实，需要在与原来熟悉的经营条件完全不同的环境下展开自己的经营活动，要用新认知去理解当下的情况。

认知不同，企业所得到的结果完全不同。2003 年 5 月，"非典"时期，阿里巴巴的每一位员工都要被隔离。5 月 6 日，阿里巴巴决定让员工回家办公，马云和所有员工一样，被关在自己家里，12 天不许出门。在此情况下，马云立即安排全员在家工作的计划。员工们自觉地每天 8 点多开始工作，中午吃点饭，下午 1 点多又坐到电脑旁，晚上八九点，大家在网上一起聊天、玩游戏，甚至还举办了几次网络卡拉 OK 大赛。公司还要求每一位员工通知家人，在家里，不管是谁都要接电话，第一句话要说："你好，阿里巴巴。"在这个特殊的隔离期，阿里巴巴的服务没有一天中断，很多客户甚至都不知道阿里巴巴出现了疫情隔离，员工并未失去工作机会，阿里巴巴实现了更大的增长。

马云在阿里巴巴自我隔离期间，看到"非典"带来的新商机，他们决定推出淘宝业务。此前，阿里巴巴的业务主要面向 2B 市场，没有面向 2C 市场的零售业务。"非典"发生后，马云敏锐地觉察到，网络零售将成为人们的刚需，阿里巴巴有必要推出零售业务。2003 年 5 月 10 日，淘宝上线了。打开页面醒目地写着："纪念在'非典'时期辛勤工作的人们。"由于被隔离，马云都没法到现场去主持上线仪式。他在自己家中，举起酒杯遥遥祝福：

"保佑淘宝一路顺风。"我们也知道，淘宝自此之后快速发展，今天已成为一个具有全球影响力的电商平台。

"非典"过去两年后，马云把 5 月 10 日定为"阿里日"。马云在设立阿里日的公开信中表示，这个日子是为了纪念"非典"时期公司的不屈奋斗而设立的。他写道："当'非典'的记忆悄悄地在我们的脑海中褪去的时候，阿里人在抗击'非典'过程中所体现出来的果断、团结、敬业、互助互爱的阿里精神却历久弥新，不管是否亲身经历过那段危急时刻，都深深为阿里人所创造的奇迹感动着、激励着……"

与很多人说"'非典'既是挑战又是机遇"不同，马云自己从来不这么说。他有更高明的阐述。他说："'非典'时期，谁都不应该想到，这是一个机会，而应该想到，大家碰到什么麻烦，我们能够怎么帮助到大家。"⊖

这就是马云为什么可以把阿里巴巴打造成一家具有全球影响力公司。因为在巨大的危机中，马云能够带领阿里巴巴的员工与危机共处，以明确的认知能力去理解危机、理解挑战并具有解决问题的能力。更强的是，他们能够顺应危机带来的变化，看到商机，并且抓住商机获得了全新的发展空间。

⊖ 何加盐. 17 年前阿里全员隔离，马云是怎么熬过非典的 [EB/OL]. (2020-01-30) [2020-02-17].https://mp.weixin.qq.com/s/NV97gyZv_4DKfHkpoqCWWw.

我非常推崇马克思的一句名言："哲学家们只是用不同的方式解释世界，而问题在于改变世界。"也许深受其影响，在危机来临的时候，我开始强调人的作用，重视人的主观努力，强调企业自身的能力，而非环境的约束。只有这样，才可以真正与不确定性相处，与动荡的世界相处。

我们再看另一个企业——蓝帆医疗的案例。它在危机到来时，克服困难，主动推迟海外订单交货期而首先保证疫区需求，这是另一种与危机带来的不确定性共处的能力。蓝帆医疗是全球健康防护领域领军企业，PVC 手套市场占有率全球第一，共有 PVC、丁腈 100 多条生产线，每年约产出 180 亿双手套。

为了抗击疫情，蓝帆医疗投入专线用于疫情专用手套生产，确保生产防护能力最强、针孔率最低（AQL 1.5 以上）的医疗级防护手套。蓝帆医疗高级副总裁兼防护事业部总经理孙传志接受《证券时报》记者采访时表示，1 月 23 日，公司投入一条专线用于生产疫情防护物资，随着疫情的发展，1 月 27 日增加到 5 条生产线，现在是 9 条线生产医疗级手套，确保每天供应量可达 720 万双以上。"为了保证疫情防护物资需要，很多干部员工都要上生产线。"孙传志表示，公司此前的产能主要匹配国外，过去 90% 的产品为出口，现在国内需求紧急，公司主动推迟海外订单 2 亿双手套的交货期，首先保证疫区的需求。⊖

⊖ 邢云，李师胜. 防疫产业上市公司冲锋陷阵 [EB/OL]. (2020-02-02)[2020-02-17]. https://mp.weixin.qq.com/s/nnDyQVAwERuDUzDAkVkFqg.

疫情防控期间，我和蓝帆医疗的董事长刘文静交流，在线听到她介绍公司的生产和运行情况，感受到她和公司在疫情来临时，快速调整生产和运营节奏，并能高效响应需求。蓝帆医疗不仅第一时间捐赠现金，联合光大信托成立国内首个实物救援慈善信托，并且疫情防控一开始，蓝帆医疗就成立工作组，24小时在线响应各方诉求。随着疫情升级，防护口罩、医用手套、防护服等各类医疗物资纷纷告急，蓝帆医疗果断投入生产，全体干部员工春节不放假，确保以最快的速度生产，同时着手从全球渠道以更快的速度进口到国内用于抗击疫情。从他们有序安排生产、快速反应和积极行动的过程中，我看到了蓝帆医疗与危机带来的不确定性共处的能力。

危机出现，打乱了人们的日常生活，打乱了企业经营的节奏，但是如果你选择积极面对，明确去理解和接受，那么你就可以找到与危机共处的方法，阿里巴巴如此，蓝帆医疗也是如此。

坚定自我发展的信心

危机带来的影响，的确让人焦虑，甚至有些灰心，我也知道在危机中企业经营会变得更加困难。但是如果危机成为一种经营条件，我们需要面对的不仅是环境，还有企业自身的调整。

在危机中坚信企业发展才是最重要的，也就是说，坚信企业自我成长不受环境影响才是最重要的。有关在危机中企业如何发展的研究显示，优秀的企业不受危机的影响，即使在逆境中，也能够保持增长，这些研究发现构成了本书的核心观点：增长是一种理念，并以这个理念来指导企业自己的行动。

如何理解外部环境的作用，对企业的经营和发展有着至关重要的作用。大部分情况下，当外部环境为企业成长提供帮助时，企业管理者却忽略环境的作用，认为企业所取得的成就，是企业自身努力的结果；当外部环境不能为企业成长提供帮助时，企业管理者又强调行情不够好，无法取得成就是环境不好造成的。但是，一个好的企业管理者与一般管理者的区别也正在于此，好的企业管理者在环境好时，承认是行情助力；当环境不好时，只把环境当作经营条件，绝不是经营的借口。这样理解外部环境与企业发展关系的管理者，有一个共同的特点，那就是，无论是顺境还是逆境，都坚定自我发展的信心。尤其是在逆境中，这些企业更显示出其优势，一旦危机过去就会迎来强劲的增长。

携程就是这样一家企业。2003年年初，"非典"的突然爆发，让一切戛然而止。从4月份开始，携程的营业额急剧下降，经营利润直接跌破了公司红线。没人住店、没人出行，对于分销酒店客房和代理机票的携程来说，形势的严峻可想而知。如果疫情延续几个月，携程就会面临灭顶之灾。

谁都不知道"非典"要蔓延多久才能熬过去。同行的很多公司，只能纷纷裁员应对。携程人也陷入了绝望。在最艰难的时候，梁建章连发几封内部信，向全体人员阐明自己的观点。他指出，要相信中国政府能够控制住疫情，并且相信"非典"过后，旅游业会迎来爆发。他激情澎湃地写道："'非典'过后，携程会更好！"

　　梁建章没有像同行那样大幅裁员，而是保留了几乎所有员工，尤其是一千多人的呼叫中心。为了控制人力成本，梁建章规定，所有管理人员只上半天班，拿 60% 的工资。同时，趁着业务低迷时期，携程在内部举行了大量的培训，进行业务流程优化，提升员工的能力。

　　"非典"期间，携程的员工始终斗志昂扬，现金流也撑过了最难的时间，公司内部运作效率大大提高，人员素质得到了整体提升，同时还通过"非典"的洗礼，发掘、培养、提拔了一批业务骨干，为后来携程的腾飞打下了坚实的基础。

　　2003 年 6 月 24 日，世界卫生组织正式宣布解除对北京的旅行警告，将北京从疫区名单中排除。"双解"的到来，给北京旅游业发出了一个强劲的复苏信号。压抑已久的国内旅游市场彻底释放了出来，随后中国旅游业开始"奇迹"般地快速反弹。一直在积蓄力量的携程抓住机会，迅速吸收了一大批从传统旅游企业中流动过来的人员，积极扩张，一举确立行业领先者的地位。那些裁员的公司一下子措手不及，错过了这波业务大发展的时机，而养精蓄锐已久的携程则迎来了大丰收，业绩高速增长，直接让携程成为资本市场的宠儿。

　　2003 年 12 月 9 日，携程成功登陆美国纳斯达克市场，获得了超过 15 倍的认购比例，当日股价上涨了 80%，是当时全球 3 年来首日上市涨幅最高的股票，也是互联网泡沫破裂以来，第一家在美国

上市的中国公司。此时，距离"非典"过去，仅仅半年时间。[○]

携程在 2003 年"非典"期间的选择，正是一家优秀的公司面对危机所应有的状态。任何企业都会面对危机的挑战，我相信在 17 年前的"非典"疫情危机时，旅游交通服务业中的企业面对的危机是完全一样的，但是，只有携程在应对危机时更坚定自己的发展，他们没有被危机吓倒，也没有在危机面前等待和观望，而是坚定地选择继续发展的方向，拿出自己的解决方案。

美国总统托马斯·杰斐逊（Thomas Jefferson）说过："我是绝对相信运气这回事儿的，并且我发现，我工作越努力，我的运气就越好。"梁建章和携程人也是如此。他们在"非典"危机中更努力地工作，更坚定地发展，结果获得了好运气。携程之所以有这样的好运气，就是因为它把危机当作必须面对的经营条件，然后充分去面对，并展开自己的发展行动，由此获得了逆势增长的机会。

喜家德也和携程一样，熬过 2003 年的"非典"，活了下来，并且随后稳健发展。"非典"时，喜家德只有 20 多家门店，发展到今天已经有 580 家店，从黑龙江的鹤岗拓展到北京、上海。2020 年新冠肺炎疫情危机到来时，喜家德创始人高德福说："现在我不愿意看到同行哭穷，否则内部员工的士气就没有了。我对

──────────
○ 何加盐. 非典时携程差点垮掉，年底却成功上市，梁建章做对了什么？[EB/OL].
(2020-02-07)[2020-02-17].https://mp.weixin.qq.com/s/zi7Ell4Im-zO78SOBufmAA.

行业是很有信心的，估计国家解除疫情半个月到一个月之后，餐饮行业可能会恢复到疫情前的状态，甚至会迎来报复性增长。毕竟大家都憋坏了，要出来狠吃。现在餐饮业损失的钱，可能开业两三个月就赚回来了。"[⊖] 喜家德在经历两次疫情危机过程中，都选择坚定自我发展的路，并迎来了属于自己的空间。

在我所做的领先企业研究中，那些超过 100 年历史的公司都有着一个共同的特征，就是无论在任何环境下，都坚定增长的信心。这些优秀的企业总是把危机作为经营的条件而非制约因素，它们的领导者总是能够让自己的企业在危机的环境找到解决问题的方案。记住，在危机中，坚定自我发展的信心是最重要的。

⊖　资料来源于正和岛（ID：zhenghedao）。

进化应对而非预测判断

不断有企业界的朋友发微信问我：如何看待疫情危机对经济的影响？如何理解专家对疫情发展的判断？每每被问到这一类问题的时候，我也反问自己。我们力求能够得到答案，期待在明确的判断下做出选择，但是我知道，每个人都会有不同的答案，谁也无法给出明确的答案，因为给不出明确的答案，才是答案本身。

在一个持续变化的环境里，没有人能够预测并借由预测做出判断和选择，在这种情况下，正确的做法就是要朝着特定的方向，做好一次又一次调整自己的准备，并努力在前进过程中不断验证和改变，以适应不断变化的现实。在太多的不确定性危机中，保持灵活的适应性，是你必须掌握的能力。

因为疫情防控的需求，企业需要延迟复工。很多企业一直期待能够知道确切的疫情防控结束的时间，以安排自己完全复工的计划，但是不同行业、不同地区、不同企业其实复工的安排是完全不一样的，所以很难预测。面对这个不可预测的情况，青岛特锐德电气公司采用了新开工模式，可以随时让员工进入工作状态，一方面严格执行国家防控疫情的规定，另一方面保持了员工的活力。

特锐德电气公司是一家主要从事电力装备制造、汽车充电生态网、新能源微网三大业务的公司。在这个延长春节假的期间，公司发文给每一位员工，明确通知："举国经受考验的关键时刻，也恰逢特锐德集团二次创业的重要时期，新的一年将赋予我们更大的使命与责任为之奋斗与付出，在这一特殊时期面向公司全体员工发出动员令，倡议大家居家坚决做好疫情防控，同时全员进入'战备'状态，正式开启'在线工作'模式。"

在征得特锐德电气公司董事长于德翔的同意后，我在这里把特锐德居家在线的"新开工模式"主要内容简要介绍如下。

"

1.三在

在家上班、在群上岗、在线培训。

2.三补

（1）补齐2019年未完善的总结分析。

（2）补充完善2020年战略落地工作的思考。

（3）补足平时没时间做的反思。

3.一研究

提前研究2020年战略落地工作部署（上半年的工作方案）。

4.一提升

提升个人能力，研习专业课程。

在"一研究"中，我们要坚持如下原则。

（1）以问题为导向，灵活运用"336工作法"，找出难点问题、关键问题、最需提升的问题，有针对性地制定可执行、可量化的目标和闭环落地措施。

（2）以客户为导向，以目标为导向，优化和梳理流程，确保高效实现目标。

在"一提升"中，我们要通过以下方式进行。

（1）在研发的项目和工艺改进上，成立虚拟研发小组，线上充分讨论，并形成结论和执行文件，为开弓（工）就放箭做好准备。

（2）提升管理层和员工个人能力：从1月31日起，各业务中心对子公司员工开展各项培训学习，按课程计划每天打卡，用教学和考试给战友们充电；针对管理层，提前进行"特锐德大学"培训。

"

于德翔董事长还发来了公司"在线动员，工作部署"的文件，内容是从1月31日到2月9日每一天每一个时间段所安排的各项工作计划、所要达成的目标和项目负责人。我仔细阅读他发来的资料，感受最深的是，这些在线安排，与员工平时的工作习惯一致，按照这个详尽的在线工作计划安排，我相信特锐德电气公司的员工会以最快的速度恢复到正常工作状态，甚至会如公司所要求的那样，进入"战备"状态。

不断进化的承诺来自一种古老的军事战略。卡尔·冯·克劳塞维茨（Carl Von Clausewitz）在其名著《战争论》中写道："战争中充满不确定性，战争中四分之三的行动都或多或少处在不确定的迷雾当中。"在他看来，审慎的战争策略就是要针对敌军状况，相应筹建一支军队，朝着一个特定的方向，不断因应变化而做出调整，从而提升成功的概率。

危机带来很多不确定性和不可预测性，在这个时候，企业面临的最大考验不是能否预测正确，而是能否动态应变。但是人们更喜欢去预测，每个人都可以自行预测，而如果按照预测去做选择，无疑是一种赌的行为。真正优秀的企业，不会去赌，而是训练自己不断进化去应对变化，在动态中寻求与变化响应最佳的模式，并凭借其不断进化的能力，让危机转化为新的发展机会。

在这次疫情危机中，大量的餐饮企业遭遇重创，就在整个行业一筹莫展之际，我竟看到云海肴创始人海琴发来的一张海报。

海报是盒马鲜生发出的，上面写着聘用云海肴的歇业员工来盒马鲜生工作。这张海报引起了我的兴趣，我深入了解才知道，原来盒马鲜生北京区总经理李卫平，在疫情紧张的时刻，在内部提出这样一个设想：吸纳餐饮企业正在歇业的员工，补充到盒马的团队中来。

盒马的思路，大致是这样的：①联系几家餐饮企业，如云海肴、青年餐厅等；②告知合作意向，大家共同对抗疫情；③餐饮企业待业的员工，过渡到盒马上班；④在这期间，盒马负责体检，盒马出工资，盒马买保险，以此减轻餐饮企业在这个阶段的负担；⑤通过面试、培训、体检之后，双方签署临时劳务合同，分别入驻盒马全国各地门店；⑥如果合作顺利，那么就邀请更多餐饮企业一起合作；⑦疫情过后，归还员工给餐饮企业，并与餐饮企业开展更加深入的合作。

盒马鲜生这个"共享员工"的模式实在是令人赞叹：第一，帮助餐饮界的合作伙伴保住了员工，在歇业期间，让餐饮业的员工得到妥善安置，年后也不用担心员工因为没工作而离开；第二，盒马因为补充餐饮企业的人员，运营与效率将会大大提升，同时解决了疫情期间招工难的问题；第三，因为人员充足，盒马才能真正保证兑现全国 200 多家门店不打烊、不涨价的宗旨，保障蔬果供应充足稳定，服务百姓。⊖

⊖ 疫情催生"共享员工"，盒马大喊：西贝，快把员工租给我！ [EB/OL]. (2020-02-07)[2020-02-17]. http://www.sohu.com/a/371294006_120030874.

　　我非常喜欢盒马鲜生在此时做的这个举动。猎聘创始人戴科彬发微信和我就此模式互动交流，猎聘旗下公司参与了这个模式的策划，科彬问我这是不是未来用工的一种模式呢？我们各自交换了相关的看法，同时也理解，未来共生价值是一个基本的选择。我一直认为，在数字化时代，不确定性是一个基本特征，不确定性要求企业有能力与外部共生，盒马鲜生正是采用了"共生"的价值理念，在这个危机中让餐饮界歇业员工感受到温暖与帮助。

四个自我调适的心态

在认知调整中，管理者自身心态的调整是一个需要特别关注的问题。对组织中的个体而言，需要做好自我调适，因为每个人的稳定性和状态是组织战胜危机的关键构成要素之一。

在此次疫情危机中，我也在自我调适之中，因此想把自己的方法分享给大家。需要说明的是，我不是心理学家，这里介绍的只是我个人的做法，仅供阅读，相信大家会找到对自己更有效的自我调适方法。我的自我调适方法，是要求自己做到"四心"：同理心、平常心、积极心、信心。

同理心

在危机特殊时期，每个人要经历和面对的情况都不同，所承受的压力也完全不同，所以特别需要同理心。同理心是泛指心理换位、将心比心，亦即设身处地地对他人的情绪和情感的认知性的觉知、把握与理解。同理心主要体现在情绪自控、换位思考、认真倾听能力以及表达尊重等与情商相关的方面。

我们如何设身处地地去理解疫区的困难，如何在保护好自己的同时尽可能减少对于疫情防控物资的使用，如何降低潜在的风险，如何理解特殊时期的特殊规定，如何不信谣、不传谣，都可以用同理心去帮助我们自己。

有学生发来信息说，感觉隔离在家里时间长了有点儿闷，但是如果用同理心去想想很多不能回家的人，也许闷的感觉就消失了。微信朋友圈里流行一句话：这世上没有感同身受，只有在谁身上才知道那种当事人的滋味。我也同意这个观点，也正因为此，更需要锻炼我们的同理心，设身处地地想象此时疫区人们所承受的困难，这样我们才可以更理性地去做判断、选择和行动。

平常心

平常心是我们在日常生活中出现的，对待周围所发生的事情的一种心态。"平常心是道"是禅宗里常见的一句话。很多人寻找课程去学习、修炼，还有人专门拜师，想办法寻求一种方式来修得平常心。现在，不用去其他地方，也不用特别安排时间，此刻就是修炼平常心的恰当时机。

如何修炼？让我想起一段禅。

僧问："学人迷昧，乞师指示。"赵州云："吃粥也未？"僧云："吃粥也。"赵州云："洗钵去！"其僧忽然有省悟。

这段禅字面的意思是，僧人问："我迷惑暗昧，请师父指示。"赵州禅师说："吃稀饭了没有？"僧人说："吃了稀饭。"赵州禅师说："去清洗钵吧。"僧人忽然省悟。

平常心的修炼，就如赵州禅师所明示的那样，自然而然，顺其自然。在你迷惑不清的时候，自然而然地去做正在做的事情，专注于当下，既积极主动、尽力而为，又顺其自然。做好每天要做的事情，享受生活中所做的每一件事带来的快乐，就会有平常心。

佛说，随缘、随变、随喜。对于生活而言，平常心就是专注过程，安在眼前之境，看淡得失，坦然接纳，积极应对；在细碎中窥见平常的意义，在淡然中获得心的自在。林清玄说："以清净心看世界，以欢喜心过生活，以平常心生情味，以柔软心除挂碍。"拥有了平常心，就可以内观平静自性，还可以让我们拥有足够的力量承担挫折和痛苦。

积极心

熟悉我的人，知道我会常常对大家讲六和集团创始人说的一句话：凡事往好处想、好处做，就有好结果。

2003年正是"非典"时期，我出任六和集团总裁，一上任就遭遇了巨大的挑战：分布在不同地区的工厂因为交通问题，生产无法正常安排；市场方面，我们是做农牧行业的，很多村口拦阻，无法下到市场；出口到日本的产品因"非典"直接被退回中国港口。

在这样的背景下，创始人的这句话给了我极大的帮助。我和六和的同事们，在积极配合国家规定要求的同时，展开了企业自我调整。也是因为"非典"疫情，六和才完成了禽肉产品从完全出口转为出口和内销并举的双业务结构，并因此获得了100%的增长，其中一个关键就是创始人的这句话让我们形成了积极心。

有积极心，遇到任何变化都可看到机会，对任何要做的事情，都愿意单纯去做，结果自然而成。不确定性最大的特征就是机会与风险并存，所以对模糊性和风险的承受能力是关键，控制风险也是一个基本的要求。

在我写这本书的时候，正看到朋友转来的一则新闻消息，湖北武汉"封城"第十一天，眉州东坡凯德1818店还在开着，为医护人员和记者免费供餐、送餐。总经理梁棣对记者说："我们是做餐饮的，但突然疫情来了，没有生意了，那食材怎么办？我们就卖菜，在门店门口，弄一个便民平价菜站。老百姓可能不下馆子了，但大家还得吃蔬菜。"我在心里祝福他们的同时，也为他们这种积极心而感动。

梁棣继续说："我们权衡后，选择了开店，必须让员工有工作，让整个管理处于有序的状态。但风险是，万一有员工感染了怎么办？这也是我们比较担忧的。所以，我们制定了详细的员工防控措施、餐厅防控措施等。"的确，这需要做好准备，随时应对并解决问题。但是也正如眉州东坡那样，他们具有积极的心态，就有能力去主动出击。[⊖]

信心

我们都知道，越是在困难的时候，越要依靠信心。信心能够激发人们的意志力，信心能够帮助人们在对自己正确评价后，产生一种坚定的自我信任感。信心能够激发个体的潜能，可以激励人们为自己做出选择并义无反顾地走下去。

什么是信心？信心是指个体相信自己的愿望和预料一定能够实现的信任，所以这种"意志化"了的自我指的也就是信心。

⊖ "眉州东坡正常营业，包括武汉店！总裁梁棣：怕是没有结果的，必须战"，猎云网，2020-02-02。

在新型冠状病毒疫情极其复杂的环境下，最重要的，也是最首要的，就是要有信心，要有必胜的信心。相信国家，相信医生，相信人民，相信自己。有了信心，就有了战胜困难的意志力。在疫情面前，我们都要调适自我，共克时艰，一定能打赢这场战役。

> 我们相信
> 明媚的阳光终会照亮这片土地
> 樱花会再次盛开
> 过早的人们依旧吃着热干面
> 大街小巷再次人声鼎沸
> 人们会摘下口罩
> 去自己想去的地方
> 见想见的人
> 武汉加油！
>
> ——摘自《武汉仔》片尾

不确定的是环境，确定的是自己

疫情危机还在变化中，人们已经知道 2020 年第一季度的压力，也开始准备做好迎接第二季度影响的准备；人们开始关注春节复工带来的压力，也在准备复工之后恢复正常工作运行的各项安排；人们既坚持底线思维，积极参与防控，也在做恢复日常生活的准备。政府更是持续出台相关政策，帮助武汉、帮助人民群众、帮助企业渡过难关。

危机带来的这一切的确是太突然了，冲击太大，而信息传播广泛及真伪难辨，又导致很多复杂性，这一切的确让人觉得困顿和不安，我们在不断面对这一切的同时，也要清醒地告诉自己，不确定的是环境，确定的是自己。

此刻，让我想到华为，想到这家公司面对危机所呈现出来的淡定和从容。2019 年 5 月，一张"烂飞机"的图片一下子唤起了人们的注意力。这架"烂飞机"是华为用来表达面对美国的打压，华为所处的危机以及华为应对危机的选择，图片上写了一句话："我们一边飞一边修飞机，争取能够飞回来。"

记者问任正非："美国时间的昨天，发了一个对华为 90 天的延迟禁令期，换句话说，华为有了 90 天的临时执照，您怎么看？90 天可以做什么？"任正非回答说："首先，90 天对我们没有多大意义，我们已经准备好了。我们最重要的还是把自己能做的事情做好，美国政府做的事不是我们能左右的。"这就是任正非与华为面对危机的态度——毫不动摇地把自己做好。

2020 年 1 月 21 日，任正非出席 2020 年达沃斯冬季论坛，在"A Future Shaped by a Technology Arms Race"（科技军备竞赛的未来形态）的分论坛上，他与《人类简史：从动物到上帝》的作者尤瓦尔·赫拉利（Yuval Noah Harari）进行对话。在对话中，对于美国"实体清单"的影响，任正非再一次表示，去年（2019 年）对华为的打击并未起到多大作用，因为华为已经在过去做了一些准备。美国今年将会升级对华为的打击，任正非认为公司受到的影响并不会非常大，因为公司累积了去年被打击的经验，并锻炼了队伍，华为更胸有成竹不会受到打击。

还记得田涛和吴春波老师写的《下一个倒下的会不会是华为》[⊖]这本书，其中谈到华为的风险理念。书里引用了一位植物学家的话：动物跟植物的最大区别是，动物能移动而植物不能移动。动物遇到紧急情况可以跑，比如羚羊和猪遇到老虎，都会逃跑，不同的只是速度而已。而植物一旦长出来，敌人来了也无法躲避。但是，植物的战略最厉害之处恰恰就是扎根，根越深，植物越强大。很多人认为企业是动物，可实际上企业是植物。哪里有水，植物的根就往哪儿扎；哪里有阳光，植物就向哪个方向生长。植物对环境很敏感，同时也对环境很包容。即使环境藏污纳垢，植物也会默默接纳，从周边获得营养。这就是华为的风险理念。

华为为什么每次面对危机的时候都可以化危机为转机，都可以获得增长和发展？看到华为的风险理念，我们应该就可以理解其内在力量的强大。华为总是明确地把自己先做好，去接受危机和挑战，以自己最大的定力去接纳变化，并与变化共舞。

⊖ 田涛. 吴春波. 下一个倒下的会不会是华为 [M]. 北京：中信出版社，2012.

应对危机的生存之道 1

危机一定会带来巨大冲击，

但问题的关键并不是变化，

而是能否认识和理解变化。

······································

应对之道：

极速改变认知，

超越经验通常意味着胜利。

问题的焦点最后都会落在领导者身上

第三章　卓越领导力

最优秀的领导者并不要求别人为他服务，而是为共同目标服务。最优秀的领导者没有追随者，而是与大家一起奋斗。我们发现如果领导者不常发号施令，而专家不限于建议的工作，下属——包括经理们和工人们——会对领导力产生不同反应。我们希望鼓励合作的态度，而不是服从的态度，只有当我们在为一个如此理解并定义的共同目标奋斗时，才能达到这种效果。

——玛丽·帕克·福列特（Mary Parker Follett）

《福列特论管理》

　　有关领导者的探讨是我所关注的核心问题之一。在组织管理系统中，领导者所具有的作用和影响价值无法回避。我一直很认同福列特有关权力和领导者问题的观点，她认为，"我们现在更认同个体的价值，管理成为更准确的功能定义，逐渐地，领导者被视为这样一个人，他有能力给群体带来活力、懂得如何激励创新、使每个人知道自己的任务"。[⊖]

　　是的，真正的领导者，具有鼓舞成员朝着目标去共同奋斗的魅力；具有一种群体组合能力，他能够通过有效的联系，带领成员获得集合的力量。因此，对于领导者而言，正如福列特所指出的那样，"这意味着一些被视为领导的人，他的能力不在于能够施加个人意愿并让其他人追随他，而在于如何把不同的意愿联合起来成为群体的内在动力"[⊜]。

　　企业在危机中自救，第二个生存之道是管理者要成为真正的领导者。企业需要管理者不是按部就班解决问题，而是引领组织成员克服困难、摆脱困境。领导者必须能够迅速适应持续变化的危机，能够明确做出自己的选择，形成有效决策，给混乱的环境与动荡的组织确立方向。心理学家卡尔·韦克（Karl Weick）说："根据定义，地图只在已知的领域中才有用，这些领域已经被人们探索过了。当你不确定自己身在何处时，指南针会帮助你，当然，它也只能给你一种大致的方向感。"我们很清楚，在危机中，

　　⊖⊜　福列特. 福列特论管理 [M]. 北京：机械工业出版社，2007.

没有地图可依靠，没有经验可循，一切都在动荡与模糊之中，所以组织必须在危机中拥有自己的"指南针"。我们也更清楚，危机中的"指南针"就是领导者本人。

所以，领导者必须成为危机中的"指南针"。要做到这一点，管理者首先要成为真正的领导者，其次要有担当及高效的行动力，再次要具有经营意志力，最后要勇于承担企业社会责任。

真正的领导者

危机出现，考验着每一个人，尤其是肩负责任的管理者。在一个几乎是完全未知的情形下，无法预测，未有先例，信息混杂却又传播迅速，关乎生命又波及广泛，审慎决策又要与时间赛跑，这一切对管理者而言，实在是太难了。也正是因为难，才愈发需要真正的领导者。

我之所以强调需要真正的领导者，是因为唯有领导者能够承担三个最重要的功能：

第一，决定组织的高效运转。
第二，指引方向，鼓舞人心，重振希望。

第三，摆脱危机。

武汉疫情发生后，84 岁的钟南山院士来到武汉，随后做出专业、理性的判断，也因此把责任扛了下来。这位"非典"时期成为全国人民主心骨的专家，从武汉回来之后，1 月 28 日接受新华社采访，继续为广大群众提供专业的判断，帮助人们理性理解和面对疫情，再次成为大家可以信赖的人。"钟南山说能动才动"开始刷爆微信朋友圈，在一片慌乱中，钟南山给惊慌的人们以勇气和信心。

人们之所以相信钟南山，是因为在 2003 年"非典"时期，钟南山挑战权威，坚信"非典"病原体是病毒。临危请命和坚信"非典"病原体是病毒，勇敢挑战权威并成功，让钟南山成了真正的领导者，帮助人们正确看待"非典"疫情。

我还清楚地记得吉米·卡特（Jimmy Carter）说过的一段话："时刻记住你自己有多强大。不要忘记个人的力量能起很大的作用。牢记这个可能，改变世界，改变社区，改变家庭，改变你自己。"这段话完整地表达出我要表达的想法，正如钟南山院士那样，领导者个人有着巨大的作用。

中国病毒学的泰斗，86 岁的闻玉梅院士，1 月 22 日连夜撰写有关病毒的科普文章，在武汉压力巨大、民众情绪还有一点儿惶恐的时候，马上电话联系相关媒体，接受采访，并专门通过《长江日报》寄语武汉人民，亲自出席上海市政府疫情防控新闻发布会，用她的科学研究明确对疫情走势做出判断，并明确给予防控的意见。在危机影响到人们的情绪波动时，闻院士又亲自出席上海市政府新闻发布会，接受媒体采访，回答相关问题，传递明确、科学的声音，让市民得以安心。

在闻玉梅院士的指导下，上海市疾病预防控制中心和复旦大学上海医学院基础医学院新型冠状病毒攻关团队密切配合，由上海市疾病预防控制中心挑选多例确诊病例的鼻/咽拭子样本用于实验，复旦大学上海医学院基础医学院新型冠状病毒攻关团队通过使用两种细胞系（vero-E6 和 Huh7 细胞）接种样本，于 2 月 7 日从一例病例样本中成功分离并鉴定出新型冠状病毒（2019-nCoV）毒株，该毒株在细胞培养中扩增迅速，可得到较高滴度的病毒；间接免疫荧光法发现病毒感染细胞显示典型冠状病毒样病变——合胞体。这是上海分离的首株新型冠状病毒株，经进一步纯化、扩增和鉴定后，将为新型冠状病毒疫苗、抗病毒药物研制和致病机理研究等提供重要的毒种资源。闻玉梅院士表示，上海作为国际大都市，分离出病毒株，可实时对病毒变异进行监测，开展药物筛选及抗体中和试验，大大加速抗新冠病毒的科研进展。

73 岁的李兰娟院士，是与钟南山院士一起赶赴武汉一线，并一起做出专业判断的专家组成员。随后她马不停蹄地接受采访，在门诊为患者看病，帮助人民群众理性认知和有效诊治。为救治武汉新冠肺炎的重症和危重症患者，降低病死率，李兰娟院士率队重返武汉，来到救治一线。在武汉的每一天，她都和本地专家一起坚守在医院，她的日程每天都是满满的，白天在医院观察患者病情变化，与救治团队共同讨论救治方案，同时还为浙江的危重症患者救治进行远程会诊；晚上与团队讨论科研攻关难题，为国家疫情防控建言献策。

上海医疗救治专家组组长张文宏 1 月 22 日晚上 10 点半疫情巡视完，继续接待《文汇报》科普采访。在 23 日午夜疫情巡视回来的航班上，张文宏还在与知室小伙伴沟通科普课程的制作事宜，确保课程在大年初一（1 月 25 日）可以上线，让更多的人得到知识的帮助而不至于慌乱。因为在他看来"准确的知识和信息是百姓和群众的期待，也是打赢这场战役的重要保障"。而张文宏老师被全国人民所熟悉，是在 1 月 29 日接受采访时说："党员要冲在最前线，现在就是前线""共产党员必须马上到岗，没有讨价还价""我自己先上"，他也因此被人们直接称为"最硬核主任"。

这些是我熟悉的人，而且还有和他们一样但我不熟悉的人，在这场突如其来的疫情中，让人们从不知所措到接受现实，再到力所能及地参与到这场战役中。他们身上所表现出来的是一个真正的领导者的魅力和担当。正是这些真正的领导者，让我们感受到力量，感受到方向，也被唤起了信心。

危机之下，需要这样的人，明确自己的职责，坚守自己的专业判断，传递准确的知识与信息，同时不畏艰难，迎难而上，给人们以信心。

担当与高效行动力

在疫情危机中，第一时间驰援武汉的，除了全国各地医护人员，还有另外一支队伍。1月24日，腾讯宣布捐赠3亿元，设立第一期新型肺炎疫情防控基金，马化腾在24日的微信朋友圈中说"阖家团圆之际，不忘紧急救援"。1月24日，美的家用空调捐赠建设火神山医院所需通风系统和循环系统等空调产品，同时美的100位安装人员均准备就绪，奔赴现场。1月25日，阿里巴巴集团设立10亿元的医疗物资供应专项基金，同时尽自己所能地保障武汉地区百姓的生活，以及确保所有捐赠通道一路畅通。1月26日，美的集团向湖北疫区捐赠1亿元。1月26日，新希望第一时间响应，旗下兴源环境科技主动请缨，近百名员工从除夕起夜以继日，火线参建武汉火神山医院、雷神山医院污水处理工程，为抗击疫情争分夺秒。

据《中国企业家》不完全统计，自1月23日至1月31日以来，约350家企业向武汉及湖北疫区捐款捐物，预计捐款金额总计超过120亿元，民企捐赠83亿元。援助主力来自互联网科技行业、金融行业、地产行业，不少外资企业也慷慨解囊。它们中既有世界500强、行业翘楚，也有中小企业。行业巨头在危急时刻扛起了重任，不仅捐助资金，还竭尽全力提供防疫物资，以及保障各种线上线下服务。一些中小企业也加班加点赶制防控急需的物资。

根据雪球网数据，截至2月4日，阿里驰援10亿元、腾讯5亿元、百度3亿元、恒大2亿元、字节跳动2亿元、招商银行2亿元、美团2亿元及免费单车骑行、快手1亿元、美的1亿元、飞鹤1亿元、碧桂园1亿元、万科1亿元、融创1.1亿元、好未来1亿元、万达1000万元、泰康1000万元……这个名单还在不断地延长。"驰援武汉，就这么干了！"

在北京大学国家发展研究院的校友群里，在新加坡国立大学的校友群里，在华南理工大学的校友群里，在知识实验室的学友群里，已经有超过200位同学的企业参与到捐赠的队伍中。因为前线医护用品告急，特别是一些专业物资急缺，很多企业通过自身的能力展开全球采购。1月30日20:02，腾讯联合复星集团在海外采购的45 000套防护服抵达武汉天河机场。腾讯还将持续协同全球资源购买价值将近1亿元的防疫急缺专业物资，驰援疫区。1 月 31 日 19:00，美的从韩国采购的 52.5 万只医用口罩抵达湖北疫区。为高效开展全球采购防疫物资工作，美的开启了全球 24 小时不间断采购模式。

在中国女企业家聚集的木兰汇，振红和我们几个人稍加商量，蓝帆医疗董事长刘文静负责生产调度，居然之家董事长汪林朋帮助木兰汇直接联系到了黄冈市 4 家急需丁腈医用手套的医院，丰源盛达铁道科技有限公司董事长潘南玲帮助联系确认了孝感市 7 家医院。木兰汇姐妹们分秒必争，从发起捐助倡议、调配货源、联系对接医院到装车，短短 20 个小时，200 万只丁腈医用手套已发往黄冈和孝感地区 11 家医院和卫生院。

复星国际董事长郭广昌和 CEO 汪群斌面向全球合伙人、全球成员企业，下达了紧急动员令：不惜代价，争分夺秒，从全球采购紧缺医疗物资，驰援武汉、上海，以及国内其他地区抗击新冠肺炎。集团随即成立了全球医疗物资调拨工作小组。分布于近 20 个国家的复星全球合伙人和首席代表，集团董事办、战略、公共事务、外事、财务、税务、产业运营、行政等部门和复星医药等复星旗下企业，都被拉到工作群，并相继组建各种工作组。到辛潮被点兵时，各组同事都已同时盯着北京时间、东京时间、德里时间、伦敦时间、纽约时间……开始了 24 小时不间断的行动接力。一场覆盖日本、印度、英国、美国、德国、西班牙、葡萄牙、俄罗斯、意大利、法国、巴西、以色列、韩国、希腊、波兰等近 20 个国家的全球医疗物资调配大行动，已经打响。下达全球总动员令的两天前，即 1 月 22 日，郭广昌还在瑞士参加达沃斯论坛。当晚，他在自己的微信公众号"广昌看世界"就达沃斯今年的主题"凝聚全球力量，实现可持续发展"发表看法时，曾经谈道："必须团结全球的力量、整合全球的资源……还是要多合作，共同应对包括环境、健康等一系列人类遇到的共同问题。"⊖

这就是身为企业领导者的担当和行动力。我非常钦佩这些企业家，他们所表现出来的勇气、责任、创造力与能力，所彰显出来的高效行动力、卓越领导力，以及解决难题的能力，都极为令人钦佩。

担当意味着领导者敢于承担责任，敢于去冒险，并承担因此而产生的后果；高效行动力意味着有办法去解决问题，求得结果。领导者的担当与高效行动力，可以增强团队的凝聚力与向心力，提升团队的战斗力与执行力，更可以在危机中给团队信心，并与团队成员一起战胜危机，取得成功。

⊖ 资料来源于"华商韬略"微信公众号。

经营意志力

在任何一个经营时期，人们是否具备经营的意志力有着生死攸关的作用。这是我在 2008 年写下的一个观点，面对 2020 年的疫情危机，我认为更需要企业领导者有经营意志力。迎接危机和挑战，最重要的是什么？是企业家的信心和企业家的经营意志力。

在持续的研究中，我常常发现，何以两家公司的外在环境相同，创立者的出身也类似，却在几年后有着全然不同的结果？何以环境对于一些企业来说极其重要，而对于另外一些企业来说只是经营的条件而已？归根结底是领导者的经营意志力不同使然。

　　无论面对什么样的环境变化，企业最大的问题不是环境的变化，而是自我成长的问题，是从一种规模转变到另外一种规模的问题，是从一种发展模式转变到另外一种发展模式的问题。需要我们理解的是，企业成长问题的实质就是管理态度的问题。企业如果要持续成功，先决条件是管理者必须具有经营意志力，必须能够不受环境的影响去为保持增长而采取行动。

　　在 2015 年公布的《胡润全球华人富豪榜》中，李文正家族以 155 亿元人民币的财富排名 63。其家族企业力宝集团（Lippo Group）总资产超过 200 亿美元。这是一家以金融和实业投资为主的全球 500 强企业，也是目前印尼最大的连锁集团，业务涉及保险、房地产、医疗、教育和零售等多个行业。另外，力宝集团在新加坡、中国香港等地还拥有 20 余家上市公司，企业投资区域遍及新加坡、美国、澳大利亚和中国等 10 多个国家。

　　李文正接受记者采访时表示："经历了印尼政治动荡、经济波动等各种时代大转变，我养成了高度的危机意识，感觉前程似乎总是风云莫测、祸福未卜。但是我也从中悟出：危机就是生机的源泉，危机中总是隐藏着巨大的生机。有些情况下，你可以说有危机，也可以说没有。但是如果能够在一切正常的情况下，时刻保持危机感，针对每件事情都深入分析，那么当你发现危机的时候，就不是危机了，而是生机。"⊖

　　⊖　马雪梅，"从白手起家到成为'印尼钱王'，他说'危机才是生机之源'"，哈佛商业评论，2016-08-24.https://www.hbrchina.org/2016-08-24/4438.html。

的确如此，真正决定企业持续成长的是领导者的能力，在于领导者自身的意志力和解决问题的能力，以及自我创造增长的能力。"危机就是生机的源泉，危机中总是隐藏着巨大的生机"，关键是你要有经营的意志力，去仔细"深入分析"，去寻求任何一种可能性，从而让危机变生机。

金佰利公司（Kimberly-Clark）的CEO达尔文·史密斯（Drawin E.Smith）在执掌金佰利的日子里，他表现出钢铁般的意志，令人感叹。接任CEO不过两个月，史密斯就被诊断出患有鼻咽癌，医生说他时日无多。他及时向董事会通报了自己的病情，但同时表示，他并不准备这么快就死。之后，他依旧严格按照紧凑的日程表工作，每周还从威斯康星州飞到波士顿去接受放疗。结果他又活了25年，其中20年都在担任公司的CEO一职。

在重整金佰利公司的过程中，特别是在决定卖掉所有造纸厂时（这是公司有史以来最激进的决策），史密斯的超强意志力起到了至关重要的作用。

史密斯上任后不久，他和团队成员得出结论，公司的传统核心业务铜版纸竞争力很弱，但如果金佰利打进竞争激烈的消费纸品市场，必定面临诸如宝洁这样实力强大的世界级竞争对手的挤压。也就是说，公司的道路只有两条：要么跻身卓越者之列，要么走向消亡。

在这种情况下，史密斯以破釜沉舟的大将气魄，毅然宣布变卖公司名下所有造纸厂。全部所得都将投入到公司的消费纸品业务中，如好奇（Huggies）纸尿裤和舒洁（Kleenex）纸巾等品牌。当时各路媒体都评论说史密斯的举动太愚蠢，华尔街的分析师也调低了金佰利公司的股票评级。然而，史密斯丝毫不动摇。25 年后，金佰利收购了斯科特纸业，其 8 大产品门类中有 6 个击败了宝洁。[⊖]

具有经营意志力的领导者，在创造一个增长型公司的过程中所扮演的角色，是我特别关注的主题。继续的观察与研究让我发现，优秀的领导者是保障公司持续增长的主导因素。具有经营意志力的领导者，能够带领企业与环境进行互动，能够在洞察变化中做出选择。无数的企业实践证明，面对危机，经营意志力是领导者引领企业战胜危机、获得生机所必备的内在要素。

⊖ 吉姆·柯林斯，"他们之所以成为杰出领导者，不是因为别的，就是'谦逊 + 坚毅'"，哈佛商业评论，2016-07-25，https://www.hbrchina.org/2016-07-25/ 4351.html。

企业社会责任

彼得·德鲁克（Peter F. Drucker）曾说过，"没有一个组织能够独立存在并以自身的存在作为目的。每个组织都是社会的一个器官，而且也是为了社会而存在"。从 20 世纪 90 年代开始，企业领导者从关注股东利益最大化，转向关注社会责任。

企业社会责任（corporate social responsibility，CSR）是指企业在创造利润、对股东和员工承担法律责任的同时，还要承担对消费者、社区和环境的责任，企业的社会责任要求企业必须超越把利润作为唯一目标的传统理念，强调在生产过程中对人的价值关注，强调对环境、消费者以及社会的贡献。

"企业社会责任"一词的提出，源于 20 世纪 20 年代的美国。

工业革命之后，企业活动造成的环境污染、社会动荡等一系列严重后果，也影响到企业自身的存在和发展，在这种背景下，企业社会责任首次被提出。20 世纪 60 年代以来，随着企业的发展和对社会影响力的扩大，以及西方社会各界对雇主、环境等社会问题的关注与日俱增，企业在各方压力下不得不更多地关注企业社会责任。到了 20 世纪 90 年代，这一理念以企业社会责任守则的形式，在全世界范围迅速发展成为一种趋势。

21 世纪以来诸多领先企业的实践表明，企业如果能将社会问题转化成商业机会，就能创造更大的社会价值和商业价值，成为真正具有社会责任的企业。2019 年 8 月 19 日，美国 181 位 CEO 联合更新了《企业的宗旨》宣言，他们一致认为，在未来，股东利润不应该再是企业最重要的目标，企业最重要的任务是共同创造一个更美好的社会。

在危机来临之时，一个具有承担社会责任能力的企业，不仅仅可以帮助到企业自身，更重要的是可以帮助产业合作伙伴，可以帮助顾客，可以帮助遇到危机的人和机构，可以帮助社会变得更加美好。

如在此次疫情防控中，准确、及时、透明的信息是政府科学决策、防止公众恐慌和维护社会稳定的定心丸。腾讯及时上线"腾讯新闻较真平台"小程序，对各类疫情消息、焦点问题、防护措施等进行较真查证、核实、辟谣，让谣言无所遁形，帮助政府和公众甄别信息、科学决策。企业微信的"会议"功能支持300人同时参加会议，方便医护人员在线召开集体会议、培训和安排工作，进一步减少线下接触，避免交叉感染。此外，为保护各级疫情统计人员的健康安全，企业微信开设的"汇报"功能可以帮助统计人员在线及时统计疫情动态、搜集相关信息，更迅速地应对疫情变化。腾讯在此次危机中一系列的举措，让我们看到一个企业为社会承担责任的作为。

在此次危机中，很多企业都展现出承担社会责任的能力。2月10日，阿里巴巴官方发布《告商家书》，称为推动中小企业发展，将推出包括减免平台商家经营费用、提供资金支持等6大方面20条举措。阿里巴巴表示，为降低中小企业的经营成本，阿里巴巴将免去所有天猫商家2020年上半年的平台服务年费，所有淘宝、天猫商家免费使用网店装修工具"旺铺智能版"。菜鸟对2020年3月31日前新入仓商家减免2个月仓租。全国口碑商户免除商品佣金至2020年2月29日，武汉口碑商户免除商品佣金至2020年3月31日。同时为了缓解中小企业资金压力，蚂蚁金服旗下的网商银行专门为淘宝天猫上注册地址在湖北的商家拨出总额100亿元人民币为期12个月的特别扶助贷款。钉钉"在家办公"功能免费开放。

疫情危机给高校的原有教学计划、教学管理和教学方式都带来了巨大挑战。智慧树网，一家为2200多所高校的4600万人次大学生修读学分的平台，为保证"停课不停教、停课不停学"，

在各联盟和高校的积极互动下，整个春节期间紧急部署应对解决
方案。

智慧树网在 2019 年秋季学期 2500 门共享学分课程基础上，
增加至 3223 门，涵盖全部一级学科，延续了自 2017 年年底的
"学分课程全免费"的选课承诺，供各级各类高校继续免费使用，
不限单校选课人次与选课门次。智慧树网自 2 月 3 日起，连续开
展涵盖教学管理举措、教学课程示范、教学工具应用等多场在线
直播培训活动。直播培训辅以视频回放、精彩内容节选、高校
定向培训、在线服务群组等多种方式，吸引全国近 12 万名教师
参与。

智慧树网常规每学期服务 1500 万人次，疫情期间增加至
5000 万人次，DAU 每学期常规访问 300 万人次，支持弹性增至
1000 万人次。在此基础上，智慧树网建立预警机制，提前预判
数天内的学分课程访问及学习人次，在集中时间段超过最大承载
时，降低边缘服务功能，保证教学主服务的开展。区分校内翻转
课程与大规模学分共享课的特点，以错峰方式进行教学，校内翻
转课程集中在日间，共享课程直播排在晚上。积极推动高校教师
应用"在线实时授课"这一低带宽、低延时的直播教学手段，降
低带宽压力。

智慧树网还积极帮助有需求的高校与教师，在健康有保证的
前提下，开展课程视频的紧急录制响应服务，在疫情期间开启绿

色通道，助力课程上线。智慧树网还出资近百万元为高校服务人员及老师提供口罩，发放到各大学服务站，帮助员工与教学的老师、管理人员保证安全。

2月4日波司登公告表示，波司登从中建三局了解到，火神山、雷神山医院的建设者日夜兼程奋战的同时也面临着倒春寒的困扰，波司登立刻调配，将羽绒服直送到一线建设者手中。目前，第一批捐赠物资全部顺利到达。

波司登还指出，由于2020年全国大部分地区面临倒春寒，武汉每天最低气温已接近0摄氏度，很多奋战在一线的白衣天使在忙碌过后脱下防护服时，因汗湿而极易受凉。因此"波司登决定捐赠15万件总价值3亿元的羽绒服，送给包括湖北武汉在内的疫情较严重、气温较低的全国各大省市抗疫一线工作人员"⊖。

无论是腾讯、阿里巴巴、智慧树还是波司登等企业，自从疫情危机以来，迅速投入力量，捐赠资金和物资，提供平台与技术，抑或是为员工和合作伙伴共度危机所做出的各项努力，都让我亲眼见证了这一切带给这些企业内部成员和每一个相关人员的莫大鼓舞。这些举措让他们觉得自己所在的公司和自己所做的工作对整个社会都产生了积极的影响。企业用事实告诉每一个员工，企业有能力为社会做出贡献。承担社会责任是组织成员获得集体认同感的重要因素，而这正是企业社会责任所要达到的目标。

⊖ 资料来源于波司登官方网站。

经此危机，那些勇于承担社会责任的企业，不仅仅收获了组织成员的向心力和认同感，同样收获了公众和社会的认同感与美誉度，更重要的是，这些企业所表现出来的社会责任感，帮助人们在危机中看到希望，感到温暖，并鼓舞人心，同时也激励更多企业加入到承担社会责任的阵营里。

苹果公司首席执行官蒂姆·库克（Tim Cook）在麻省理工学院 2017 年毕业典礼上说："衡量自己对人类的影响，其标准不在于点赞有多少，而在于触动了多少人的生命；不在于人气有多高，而在于你们服务的人。"他还说："如果科学就是探索黑暗，那么人性就是黑暗中的蜡烛，照亮我们走过的道路，以及前方潜伏的危险。"在商业活动全方位融入人类生产、生活的今天，伟大的商业机构和优秀的企业家应该有唤醒人性光辉、承传优秀文化的历史担当。⊖企业社会责任的担当，无疑彰显着危机中人性的光辉。

⊖ 刘兴华，"新商业文明时代谁能成为中坚力量"，哈佛商业评论，2019-05-08，https://www.hbrchina.org/2019-05-08/7295.html。

应对危机的生存之道 2

越是在充满不确定性的环境下，

越需要强调责任与担当，

而不是按部就班的管理能力。

···

应对之道：

领导者担当起超常的责任。

Survival

From Crisis

行动是理想与现实之间的桥梁

第四章　四个关键行动

我认为微软新的首席执行官在上任第一年时，需要尽快做好以下几件事情。

- 就使命感、世界观和商业及创新愿景进行明确的、定期的沟通。
- 自上而下驱动文化变革，让合适的团队做合适的事。
- 建立耳目一新、出人意料的伙伴关系，共同做大蛋糕，并做到客户满意。
- 时刻准备赶上下一波创新和平台变革浪潮，在"移动为先，云为先"的世界里寻求机遇并快速执行。
- 坚守永恒的价值观，为普通大众重建生产力和经济增长。这并不是一个成功秘诀清单，因为即使在今天，微软也依然在蜕变之中。短时间来看，我们并不清楚我们的方法会产生什么样的持久影响。

——萨提亚·纳德拉（Satya Nadella）

《刷新：重新发现商业与未来》

在危机最激烈之时，往往也是企业自我激活的最佳时机。因为越是环境激变的时候，越需要借助于企业自身的能力来面对，就如人的机体一样，在遇到外部冲击的时候，应激反应可以帮助我们去抵抗冲击。相对于企业而言，其所能展现出来的应激反应，就是企业自我激活的行动力。

组织目标理论中会关注目标与行为的关系，这种理论认为，人的行为是实现目标、满足需要的活动。一个典型的行动理论把行为当成是人与环境互动的结果。经过选择，人会做出行动以达至理想的效果。这也是为什么我强调危机中关键的是行动。

在危机中，时间压力会变得非常大，加上外部环境与平时完全不同，那么应选择什么样的行动？如何实施这些行动？以什么速度去实施行动？如何在应对危机的同时，又能与保持企业经营做好平衡？这些都是需要我们回答的核心问题。

事实上，危机一直都在，无论是资源、环境、技术、市场还是病毒，其实都处在不断被调整、不断被迭代、不断更新及替代变化中，更多的未知所带来的挑战，会展现在我们的面前。如果企业只有在顺境下，在自己熟悉的世界里，以及在可认知的条件下才能实现增长，获得绩效，这本身就是一种危机。

我用了接近30年的时间去研究中国领先企业，其中华为是主要案例之一。这家企业经历几次大危机，但都能安然度过，这一点尤其引发我的关注。2001 ~ 2002 年，华为遭遇了一次真正意义上的生死存亡关头。为此，任正非还专门写过《华为的冬天》一文。任正非带领华为快速调整业务结构，转变战略逻辑，并展开了积极的自救，经历过这个冬天后的华为，迎来了发展的春天。2018 ~ 2019 年，华为面临的是超级大国国家力量的合围危机。一个企业去对抗一个国家，而且是一个超级强国所施加的影响，压力超出我们的想象。但是华为依然快速应对，积极自救。仅以任正非自己为例，他本来是一个完全不见媒体、低调做事的人，但是在美国打压危机到来时，他主动走到聚光灯下，广泛与世界各大媒体交流，与各个领域的重要专家交流。任正非通过这些高效而有力的沟通，赢得了世界对华为的了解和认识，也为华为赢得了危机中的主动性。

总结这些领先企业的实践，我发现，在危机之中，四个行动特别关键，它们分别是：效率制胜、模式创新、以“我”为主以及贴近顾客。

效率制胜

在危机巨大的时候，什么样的企业能够活下去？答案是，那些以效率取胜的企业。

市场与需求增长不明显或下滑时，企业应对困难靠什么？靠效率，靠布局。同样的事情，你比别人做得快、做得早就会变得主动。不同的事情，你布局早就会获得先机。

企业在运营中未遭遇危机时，每一个企业管理者都会说，要强内控、降成本、增效益。但是，因为行业发展或者市场发展处在顺境时，有关这三部分的工作并未真正落实到位，并未真正成为企业运营的习惯。顺境掩盖了很多做不到位的东西，一旦危机来了，问题会一下子暴露出来。在此次危机中，就有企业家发信息问我:"为什么我觉得自己一直发展得还不错,但在这个特殊的春节里,我发现自己好像之前什么也没有做好,完全没有能力去应对疫情带来的危机?"是的,这就是问题所在了,很多时候,我们在形势一片大好的环境里,并不知道自己其实不堪一击。所以,我同意一些管理同人的说法,危机也是企业的一次体检,可以看出企业是否真正健康。

此次疫情危机对很多行业都产生了巨大的影响,保险业也不例外。大童保险服务的主营业务是线下保险服务顾问,需要与客户开展一对一的面见式咨询和服务。不能与客户见面对大童而言,是一个特别大的挑战。大童的董事长蒋铭发微信告诉我,大童的线下保险业务,在短时间内萎缩至原来的30%。

不过,令我开心的是,他告诉我接下来大童的行动。大童的管理层经过仔细讨论,就如何应对挑战达成了共识。保险业是扶危济困的行业,哪里有风险哪里就应该有保险。此次危机发生后,大家的风险意识得到了极大的提高,特别是普遍对感染新冠肺炎的风险产生了担忧。为了体现保险业的责任与担当,大童决定迅速和保险公司定制一款专门针对新冠肺炎的保险产品。

蒋铭在发给我的微信中说:"在这个特殊时期,大童的诉求是让更多的客户得到保障,我们的保险顾问也特别希望利用这次机会彰显工作的价值,所以我们决定和保险公司一起放弃利润,做一款性价比超高的公益性质产品。短短两天，我们就找到了愿意和我们一起做这件事情的保险公司，并且确定了保险的形态，双方团队一起熬了几个通宵接通了投保系统，做好了文案设计和推广企划方案。"

这款叫"爱无忧"的新冠肺炎专属产品于 2 月 7 日推出，大受欢迎，三天时间就为客户提供了 51 亿元的保额。正赶上 2 月10 日一部分企业要复工，非常多的企业主通过给员工购买这份保险来表达对员工的关爱。很多客户通过大童的这次行动，对大童产生了很大的好感，也推动他们在大童购买了更多其他保险。大童的销售队伍一下子从沮丧低迷中振奋起来，带动线上业务连续三天创下了历史新高，而且线下的业绩快速回升，三天时间已经回到了正常水平的 60%。随着这款定制保险产品的持续热卖，公司上下都找到了在危机时期线上工作的方法，帮助企业提前实现了数字化的深度转型。蒋铭告诉我："我们有信心在疫情结束前就把主营业务恢复到甚至超越之前的水平，而危机倒逼我们具备的线上新能力一定是我们在困难中得到的最大财富。""爱无忧"持续获得认可，截至产品推出的第五天，累计送出 100 亿元的保障。

在全行业还不知道如何面对危机时，大童的高效行动为它赢得了先机。与大童一样快速行动的东软集团，在与疫情竞速中，推出了东软智能信息采集系统、测温防控/智能巡检机器人、东软医护助理机器人、东软消毒安全卫士机器人、东软配送骑士机器人等一系列可有效防控疫情的智能终端产品，以软件、硬件和人工智能技术，为医院抗疫、企业复工、人员返程提供安全保障。

其中，东软测温防控/智能巡检机器人面向全行业服务。该产品主要应用于服务场所的一线岗位，可身份证实名认证并精准测量来访者体温，在无人值守的情况下，时刻为服务场所把好第一道防线！用红外准确测体温、识别是否戴口罩、代替人工做登记，还能定时定点地设置巡逻路线，更大限度地避免人员接触，保证每一个人的安全。

东软配送骑士是一款应用于医疗场景的配送类机器人，让医生将药物或餐食通过机器人精准无误地送进特殊病房，减少人工接触传染源的危险。这款机器人配送物品承重范围大，身份证扫码开锁，箱体封闭状态杜绝污染，采用温度锁定保护特殊物品的存放。配送骑士效率是人工配送的10倍以上，保证疫情爆发期间配送工作的精准、高效。

东软一下子推出了5款硬核产品，有人会觉得它简直就是"速度狂魔"，但只不过是东软凭借着20余年在医疗、卫生领域中丰富的行业经验积累，并针对此次新冠肺炎疫情的紧急需求，与时间赛跑，通过软硬件的优势，快速构建基于物联网、软件、硬

件终端为一体的移动信息化解决方案。[⊖]

在危机中，每个企业在各自领域里，所面对的情形是一样的，谁能突围？谁的效率高，谁的行动快，谁的协同力强，谁的团队行动快，谁就能在危机中率先突围。所以，面对危机的第一个关键行动是效率制胜。

⊖ 东软集团基于核心优势在不确定环境下迅速找到市场机会，https://mp.weixin.qq.com/s/pUnBp5jHnnBp5Aysk9GsbQ。

模式创新

由于危机带来冲击的独特性，企业不能以常规方式来应对，所以第二个关键行动是模式创新。

危机带来的变化，导致无论是业务模式、商业模式、运营管理模式还是工作模式都有可能需要创新。比如这一次危机导致延长假期、延迟复工、延期开学，很多企业启动"新开工"模式，让员工在家、在线、在岗展开工作，或者在线学习，帮助员工用新工作模式进入到工作状态。远程在线工作模式不仅解决了企业延迟复工却能保持开工的问题，还提供了大量的员工渴望恢复工作、进入正常生活的一种新可能。

危机之下出现巨大的远程办公和协作需求，各家协作工具近来纷纷对产品进行免费开放，助力疫情应对、企业经营，同时也提升了自身品牌价值。企业微信、钉钉、飞书都改变自己的原有业务运行模式，立即采用免费开放、升级原有功能、针对疫情提供特定功能等新业务模式，来满足市场的需求，自然也获得了巨大的商机。

在危机中表现出独特性，能够面对这些突变，开展业务模式或者商业模式创新的企业，常常会得到意想不到的收获。

德拓信息公司是一家数据智能公司，一直践行"让数据更具价值"的使命，通过大数据及人工智能帮助客户实现各种分析和应用。面对这次危机，创始人谢赟和团队成员一起思考：为什么不帮助客户解决当前的痛点呢？

他们是这样想，也是这样做的。德拓马上组织科研人员全力攻关疫情防控大数据平台，调整自己的业务结构和产品方向，提供用数据价值为省市级疫情防控做贡献的专业服务。

谢赟在微信中告诉我："我们立即开始研究及开发更具价值的'疫情防控大数据平台'。它改变原先市面上临时的展示系统，而是构建'感指联溯宣'五位一体防控系统，通过政府、出行、运营商、互联网、气象、商业企业等多源数据进行支撑，充分利用德拓已经累积的大数据技术工具和算法模型，可以快速地为省市级客户搭建该平台，实现感知预警、精准指挥、联防联控、全程溯源和多维宣传，更快地帮助客户提前完成疫情监控这项艰巨的工作。"

经过和各个客户的有效沟通，德拓已经开始在几个省市加速落地"疫情防控大数据平台"，通过"特别能战斗"的精神，和时间赛跑，更敏捷地帮助客户去完成这项艰巨的工作，这也必将成为德拓 2020 年新的增长点，切入防疫及应急市场的机遇。

餐饮业是这次危机中受冲击最大的行业，但是眉州东坡想办法保持开店，保留员工。他们是如何做到的？答案就是面对危机寻找可行的业务模式。眉州东坡是旗下拥有"眉州东坡酒楼""王家渡火锅""眉州小吃""眉州私家厨房""小渡火锅"5 大业态、60 多家分店、近 7000 名员工的大型餐饮连锁集团。1 月 21 日，疫情爆发，随后各个省市陆续拉响一级响应警报。越来越多的餐饮企业选择了闭店，但眉州东坡的选择是——全国 100 多家门店，能开的都开着。因为眉州东坡董事长王刚说，"宁愿战死商场，也不坐等结果"。眉州东坡总裁梁棣表示，对于眉州东坡来说，我不知道我能不能撑到三个月，或者更久，"但是，这三个月中，我们能不能想到更好的办法，不能等死。疫情怎么发展我并不知道，不去对未知的方向下结论。但是，我们能够选择的是，去战，一边战一边看，一边调整，如果真是不行了，我也拼尽全

力，在我无能为力的时候，我只能说，我尽力了。"⊖

从 1 月 28 日起，眉州东坡推出了眉州东坡便民平价超市，提供豌豆尖、牛心白等食材，还在现场安排大厨教授如何做菜。除了在门店售卖，眉州东坡也开始通过自家小程序、外卖平台、电话订购等方式销售食材，覆盖了门店 3 公里范围内的居民，甚至提供免费的配送服务。消费者反馈，便民菜摊、配送到家不仅方便，而且比超市价格便宜，最重要的是减少了人群密度，降低了交叉感染的概率。

这次危机也倒逼企业开始重新设计商业模式和产品组合。另一家餐饮企业喜家德则采取了不同的行动方案，它考虑清楚种种事宜，包括开店的速度等一系列的问题。在喜家德看来，每家企业都有自己的商业模式，不一定要赚所有人的钱。研究卖什么产品很关键，病毒在高温下不容易生存，现在人们不太敢吃"凉"的了，就要多增加"热"的品种。喜家德专注卖饺子几十年，从最开始推出外卖时就很谨慎。但在这个阶段，喜家德不仅自己这样做，还强烈建议同行一定要加大力度研发适合做外卖的产品，因为这是救命稻草，不能被动地等待。

危机让企业经营的外部环境完全改变，企业原来擅长的商业模式、业务模式在危机面前，大部分可能不适合。比如在此次危

⊖ "眉州东坡正常营业，包括武汉店！总裁梁棣：怕是没有结果的，必须战"，猎云网，2020-02-02。

机中，人们大量需要在线模式，即便本身就是在线模式的很多企业，也遇到了承受能力、技术能力，以及快速响应能力、产业链和价值网变化等各种前所未有的挑战。这一切正说明，面对危机，每个企业都有模式创新的需求，都需要企业有能力转变，甚至放弃原有模式，去创造新模式。

以"我"为主

第三个关键行动是转换经营思维。能够帮助企业最快响应危机挑战的，是企业自身的核心业务能力，也就是要"以'我'为主"。做到这一点，就需要企业转换经营思维，从平时关注"他人"转变为关注"自我"。在日常的运营中，大部分企业习惯性地用"对手"来展开自己的经营活动，但是在危机中，这一点恰恰是需要彻底调整的。危机来临时，你首先要把自己做好，才有机会活下去。你需要根据自己的情况，寻找对自己有效的方式。

这次疫情危机，对于中小企业而言是一次巨大的考验，前面提到的"清华、北大联合调研 995 家中小企业"报告，调查了包括收入下降幅度、可维持的时间、成本支付压力、自身对策及对政府诉求等 8 个问题。

据悉，此次调研的高科技企业占 18.51%，零售服务业占 17.1%，餐饮住宿娱乐及文化旅游占 15.69%，加工业占 14.19%，物流运输、批发贸易分别占比 8.35%、8.15%。74.04% 的企业 2019 年营业收入在 5000 万元以下，10.36% 的企业营业收入在 5000 万 ~ 9999 万元，营业收入 1 亿元以下的企业合计占 84.4%；营业收入 1 亿 ~ 5.9 亿元的企业占 13.38%。其中，85.01% 的企业最多维持 3 个月，只有 9.96% 的企业能维持 6 个月以上。

面对中小企业的困境，政府也快速出台相关政策，帮助中小企业共渡难关。不过，我想转述曹德旺的观点来对大家说，关键还是要靠自己。第 92 届奥斯卡金像奖落下帷幕，以福耀玻璃在美国建厂为故事背景的《美国工厂》摘得最佳纪录长片奖。因受新冠肺炎疫情影响，福耀玻璃董事长曹德旺未能现身本届奥斯卡颁奖典礼。他在德国接受《第一财经》记者独家电话专访时，向两位导演表达祝贺，同时也就近期的抗疫工作、福耀工厂运作情况、民企纾困建议等问题予以解答。就是在这次采访中，曹德旺在回答中小企业的困难时说："哪个企业账面资金会超过 3 个月？我们整个企业的预算就是，资金要控制在 3 个月以内，周转天数一般为 100 ~ 120 天，3 个月是正常的。"

《第一财经》记者问："那挨不过 3 个月怎么办呢，倒闭吗？"

曹德旺回答说："挨不过3个月是你自己的事情，企业必须自救。"

在曹德旺看来，此次危机每个人都困难，但是最关键的，并不是等政府来救，而是自救。他认为"真真正正的救助是自救，首先要想办法自己救自己。建议大家现在冷静一下，自立一点儿，想想企业最大的困难是什么，如何尽最大的努力去解决问题、渡过难关。"

这是面对危机正确的态度和行动，在危机中，企业首先要想到的是如何自救。每个企业自救的方式不一样，但是都具有一种共同的思维方式，那就是以"我"为主，而不仅仅等待外部力量，或者政府政策来给予帮助。有时，即便是暂时得到外部的救援，舒缓了此时的危机，但长期而言，企业自身的危机还是在，并没有真正解决危机。提升自己的免疫力，必须借助内力，借助自我机体能力的提升。

2月10日复工的第一天，新潮传媒确定了自己的行动方案，创始人张继学在内部讲话中说："新潮传媒上班第一天，我沉重地宣布自救之路，从减员10%开始，此次减员规模为500人左右，其中包括20名管理干部。理由是：其一，2019年绩效考核271末位淘汰10%。其二，业务减少，人员就相对冗余。减员后员工总数保持在4000多人的合理规模。"他告诉自己的同事，"新冠病毒对国家、对企业都是一次大考，疫情期间，新潮积极配合国家抗疫救人，捐献现金及医疗物资超过130万元，联合央视、人民网、新华网捐赠大量公益广告，力所能及地尽了一些企业的社会责任。同时，我们必须思考，如何活下去"

继学发来他的内部讲话给我，从他的讲话里，我了解到他们与团队成员达成共识的八项行动：

一、高管带头降薪20%，危机期间不拿绩效工资，且承诺每月领取不超过5万元的生活费。

二、用绩效管理，271末位淘汰10%的干部和员工，且2、3、4月全员不拿绩效工资，不用公款招待客户。

三、对公司岗位价值重新评估，做好人岗匹配和薪酬设计工作，做到内部公正性和外部竞争度相结合，不养闲人和懒人。

四、调整组织结构，缩小大区管理半径，进一步实现扁平化管理，节省人力和物力。

五、主动和物业公司沟通，减免部分广告位租金和办公室租金。

六、严控行政办公费、差旅费、销售费用，多用在线沟通来解决问题。

七、重新讨论使命、愿景、价值观，将价值观融入员工行为和企业行为中并进行考核，用长期主义的奋斗精神，坚持客户第一，为客户创造真正的价值。

八、领导们以身作则、率先垂范，冲到一线见客户，实行全员营销。只要我们团队协力，萧条中能活下去，萧条后就会腾飞！

在我关心的裁员这件事上，继学告诉我其实是绩效优化，只是这个危机让他更快地做出裁员的决定。我还在继续和他探讨裁员这件事，我们复盘如何可以做得更好，更能帮助到员工。不过，他带领新潮快速自救的行动，是一种正确的选择。

其实，无论是在危机中，还是在面对对手的挑战中，以"我"为主都是一个企业需要具备的关键能力。越是在挑战和危机之中，企业越需要依靠自己的定力，依靠自己去面对挑战和危机，找到自己的解决之道。

苹果公司在其核心的生态系统中建立了"以我为主"的商业节奏。每年的 10 月份，苹果主打产品 iPhone 新品发布会都如约而至；而此前的 6 月份，公司则会召开苹果全球开发者大会（WWDC），大会的主要目的是苹果公司向研发合作伙伴们展示最新的软件和技术，每年大会都指明了苹果今后整个生态系统的发展方向。

一旦形成相对稳定的节奏，无论是对苹果公司内部员工还是外部利益相关方、用户，都传递出清晰的信号，各方就像听到战场上的鼓点一样知晓了自身应有的进度，将资源潜力最大化地激发出来。对竞争对手而言，为避开 iPhone 新品的锋芒，只能纷纷选择在 10 月份之前发布自己的新款手机。苹果公司是按照自己生态系统的能力设定节奏，当竞争对手的能力不足以支撑相似的节奏时，几轮下来就会疲惫不堪。典型如三星手机的

Galaxy Note 7，在产品隐患没有充分排除的情况下抢在 8 月份发行，结果发生多起爆炸事件，不得不进行全球召回，对品牌形象造成了极大的伤害。[⊖]

在巨变的环境里，我们一直认为，那些敢于面对危机、快速应对、激活自我的企业，会获得一个特殊的发展机遇。同时，环境发生巨变也是一些中小企业崛起的机会。经过 2020 年疫情危机这个分水岭后，无论是人们对生命的认知、生活的方式、消费的行为等，都会发生一些变化，甚至有些是根本性的变化，从而导致企业发展模式会改变，企业管理的模式会改变，行业发展模式会改变，甚至经济社会的发展模式也会改变，变化会来得更激烈，如果不立即激活企业内在的活力，快速跟上，那么企业就会被淘汰。

⊖　魏炜、张振广、朱武祥，"基于时间的竞争：节奏、趋势与时机"，哈佛商业评论，2017-05-09，https://www.hbrchina.org/2017-05-09/5215.html。

贴近顾客

德鲁克在《管理的实践》一书中明确指出，企业的目的必须超越企业本身，"关于企业的目的，只有一个正确而有效的定义：创造顾客"⊖。在德鲁克看来，市场不是由上帝、大自然或者经济力量创造的，而是由企业家创造的。企业家必须设法满足顾客的需求。是顾客决定了企业是什么，因为只有当顾客愿意付钱购买商品或者服务的时候，才能把经济资源转化为财富，把物品转化为商品，才会有企业存在的价值。

我也在《冬天的作为》⊖一书中强调，企业认为自己的产品

⊖ 德鲁克. 管理的实践 [M]. 齐若兰，译. 北京：机械工业出版社，2009.
⊖ 陈春花. 冬天的作为 [M]. 北京：机械工业出版社，2009.

如何并不重要，重要的是顾客在哪里。企业自身的产品并不会最后影响企业的前途或者成功，而是顾客最后决定企业的前途和成功。顾客对于企业的认同，对于企业产品的认同，有着"决定性"的作用，顾客对于企业的评价，将决定这家企业是什么样的企业，它的产品如何，以及这家企业是否会兴旺发达。所以，在危机中，能够让企业摆脱危机的外部力量是顾客，只要顾客和你站在一起，你就可以抵抗危机，并获得生机。由此，我认为面对危机的第四个关键行动是贴近顾客。

2003 年"非典"疫情席卷中国，给中国医疗系统带来前所未有的挑战。最急迫的问题是，许多医疗机构分散在全国的疫苗中心、研究所，工作人员无法出差——一旦出差就要被隔离。医疗机构的远程协作需求瞬间爆发，而远程协作正是宝利通（Polycom）视频通信的核心业务。那时除了宝利通，还有几家国内外厂商包括华为、中兴、腾博（Tanberg）以及锐迪讯（Radvision）也在竞争这个机会。

由于时间紧迫，客户提出了一个苛刻的条件：先使用但不承诺疫情结束后购买设备。宝利通当即决定全力支持。在 2003 年"非典"期间，包括流调系统、专家系统和政府指挥系统在内的三大系统都使用了宝利通的视频通信技术。

宝利通大中华区总裁李钢认为，宝利通之所以能在第一时间做出决策，"是因为当我把客户需求告诉代理商时，他们没有半点儿犹豫，立刻行动。"在其他厂商犹豫不决时，快速反应为宝利通赢得了先机，而宝利通设备的优秀性能也赢得了客户的信任，疫情之后中科院就订购了宝利通品牌的产品。此前宝利通在中国默默无名，2003 年的"非典"之战，让宝利通获得了巨大的市场影响力，从此开始了飞速发展。⊖

在"非典"危机时期，贴近顾客让宝利通开拓了中国市场，同样在此次疫情危机中成长起来的漫游超人，也是借助贴近顾客需求获得了成长机会。漫游超人是一个专注租赁市场的全球漫游随身 Wi-Fi 品牌，就如同一个如影随形的 Wi-Fi 信号，不需要插入手机 SIM 卡，就可以在全球 100 多个国家和地区上网，能随时接入当地运营商的网络，不仅费用低廉，而且网速也有保障。所以它一经上市在一年多时间内就占领全球市场，遥遥领先于其他竞争对手，自主研发的设备在业界受到一致好评。

此次危机带来了史上第一次"全民在家云办公"的情景，所以不可避免有大量的用户陷入手机流量用得太快、身在农村没有 Wi-Fi 撑不住的痛苦中。漫游超人抓住这一市场需求，迅速推出软硬件新业务，让远程办公、线上听课、追剧、刷抖音都不再受流量和网速的限制，既快速回应了顾客的需求，也让自己找到了新的增长点。而且他们还适时推出"宅家抗疫 Wi-Fi 关爱计划

⊖ "Polycom 大中华区总裁李钢：本土化，要规则更要情谊"，哈佛商业评论，2015-10-12，https://www.hbrchina.org/2015-10-12/3426.html。

（武汉用户可免费申领）"⊖。

正如这两家企业所做的那样，如果想贴近顾客，最直接的方法就是真实去理解顾客，把顾客当作朋友，如了解朋友一样了解顾客需求，了解顾客的处境和难题，给予关怀和帮助。在此次危机中，很多企业因为可以真实理解顾客的需求、快速响应而获得好评，如：智慧树帮助老师们解决在线讲课的难题，腾讯帮助解决辨别疫情信息真伪的难题，企业微信和钉钉帮助解决远程办公的难题。

企业真实有效的能力，是对接顾客的能力。只要企业清晰地解决顾客的问题，顾客就不会离开企业。成功的企业在缩短与顾客的距离上做出的努力，总是超越其他的企业，而且取得了出色的成绩。很多时候，企业以为是被危机淘汰了，究其根本还是顾客淘汰了企业，只要企业在任何时候都与顾客在一起，就可以找到共渡难关的解决方案。

所以，在危机之时，企业第四个关键行动，就是贴近顾客，转换自己的思维模式，从顾客需求、顾客的困难、顾客面对的难题去思考，这就要求企业快速了解顾客，走到顾客端去理解他们的真实处境。在危机到来的时候，每一个人都首先要面对危机，这也会出现顾客需求的改变，也就是说顾客会依据自身在危机中所必须采取的行动来做选择，如果我们关注到这个选择，那么企

⊖ 漫游超人Wi-Fi，"重磅！漫游超人推出宅家抗疫Wi-Fi关爱计划（武汉用户可免费申领）"，2020-02-07，https://mp.weixin.qq.com/s/EC0fugaPMf7MEEPNwCJuIw。

业所做的努力就可能真正对顾客产生影响并具有价值。

危机之时，选择贴近顾客的行为，还有一个更特殊的作用，就是你和顾客可以因此建立更加牢固的关系。我在写到这里的时候，刚好收到华南理工大学的一位校友发来的微信，他告诉我，商铺本来就不好做，租金早就降到原来的四分之一，但是遇到疫情危机，租户可能活不下去，不如主动免租。他发来和租户之间交流的微信互动截图，租户写道："今生有缘结识你，真是上天赐予我最珍贵的正能量。"我看到校友此时发来这个信息，为他点赞。

与顾客建立这样的牢固关系是极其重要的，为顾客寻找到增长的办法并使之成为联结的纽带，应该成为企业行动的方向。不要把顾客和企业的关系简单理解为经济关系或者交易关系，企业和顾客之间是伙伴关系，只有顾客成为我们实现成功增长的牢固基础的时候，企业才会获得真实可行的持续增长。

应对危机的生存之道 3

越来越多的成功属于那些有行动、

懂顾客、愿变化的企业，

而不是那些只关注规模、

寻求稳定的企业。

....

应对之道：

快速行动的企业通常会获得更多的机会。

长寿公司从不轻易地用自己的资本去冒险

第五章　保有现金流

现在我们至少浮在地面10厘米之上，我们要尽早着地。

——李健熙，在1997年亚洲金融危机时
对三星人说的话

对于现金流的理解，大家并不陌生，我喜欢清华大学肖星老师通俗易懂的讲解，她说：现金就是钱，而现金流，顾名思义，就是钱的流动，可以是现金流入，也就是"收钱"，也可以是现金流出，也就是"花钱"。显然，你收了一些钱又花了一些钱之后，你手里钱的数量就会发生变化，流入大于流出，钱就变多，反之则变少。

从会计的角度看，所有的企业都是做三件事：经营、投资和融资。相对应地，企业的现金流也有三个方面的来源和去向。经营现金流主要来自销售产品或提供服务，主要去向是采购、发工资、交税等；投资现金流主要来自出售固定资产、股权等资产或得到分红等投资收益，主要去向是购买固定资产、出资入股其他企业等；融资现金流主要来自接受他人入股或借款、发行债券及其他债务融资，主要去向则是给股东分红、还本付息等。

此次疫情防控措施，对于一些行业，一些企业的经营现金流影响会很大，餐饮、旅游和出行、电影院和实体店、制造业等行业，尤其是中小企业的经营现金流都会受到负面冲击，甚至会导致经营活动现金流突然变成负数。如果企业原本的现金来源主要依靠经营活动，而且有比较刚性的投资支出，就可能把净现金流变成负数，那样的话就是单纯消耗手里的现金，加之情况不能在短期内扭转，一旦手里的钱花完，企业就面临倒闭的危险。[⊖]

⊖ 肖星，"非常时期，如何打好现金流保卫战？"，https://mp.weixin.qq.com/s/6Yf_nL-QF6DdQb0PJ-Gj9Q。

事实上，很多企业尤其是中小企业已经明确感受到此次危机对现金流的冲击，从中央到地方政府都纷纷出台了减免税负、缓缴社保、减免行政事业性收费、减免租金等企业帮扶政策。不过，我们也很清楚，真正可以帮助企业的，首先还是自己能够拥有现金流。

因此，在危机中，保有现金流才可以让企业获得应对危机的时间和空间，这就要求企业把有效价值做到极致。如何才可以做得到？第一，挑战极限式地降低成本；第二，业务价值"加减法"；第三，释放员工的能量。

挑战极限式地降低成本

成本作为衡量企业管理水平的关键要素，成本能力作为实现企业经营绩效的基础保障，令成本备受关注。大部分情况下，我们都把成本看作独立的、必须消耗的要素，所以，很多企业会一直想办法降低成本，如何节约以及如何改变成本结构是管理者努力的方向。在面对危机之时，降成本依然是一个最直接有效的企业自救方式，但是需要关注的核心是如何理解成本的价值，如何让成本管理能力在危机之时，成为企业自我发展的关键要素。

如何正确认识成本呢？首先一定要认识到，成本是商品价值的完整组成部分，成本在本质上是一种价值的牺牲。在考虑公司价值的时候，一定要记住成本是最重要的价值，成本损耗越多，价值损耗越大；成本损耗越多，在行业内的竞争力损耗越大，一定要这样去理解成本。换个角度说，如果企业愿意在成本部分做牺牲，但是这种牺牲必须是有意义的，必须是获得价值并被感知到，这样的牺牲越大，价值获取越大；这样的牺牲越大，在行业内的竞争力越大，唯有这样去理解和去做，成本的效能才会被释放出来。

在以往带领企业应对危机的过程中，我常常和团队分享两个案例：一个是在 1997 年亚洲金融危机时崛起的三星案例；另一个是稻盛和夫带领日本航空摆脱危机的案例。

三星在 1997 年亚洲金融危机之时崛起的案例，总是给我极大的帮助，我再次分享给大家。亚洲金融危机风暴席卷韩国是在 1997 年 11 月，在它发生一个月之后，也就是 12 月，韩元兑美元的汇率由 850 韩元兑 1 美元下跌到 1500 韩元兑 1 美元，韩元迅速贬值。三星当时详尽地对公司的财务报表进行了分析，得出的结论是，三星公司已经倒闭了，光汇率损失就达到了 30 亿美元。

但是三星告诉自己要活下来。有了活下来的强烈意愿后，三星公司开始制订结构调整行动计划，用一年的时间完成。第一个阶段是克服这种危机，让一家已经倒闭的公司活过来，包括确保现金流、挑战极限式地降低成本等，甚至规定了每一个行动的细节，比如减少公司司机数量，鼓励管理层自己开车；免掉大型会议的聚餐，专务人员乘飞机只坐经济舱；会议室不再放置饮料，工厂里也不再发免费的制服，等等。第二个阶段是确保公司的竞争力，想办法转变业务模式，朝着真正有价值的方向做一些加法。就是这样，亚洲金融危机后，三星反而一举成为全球消费电子的行业领袖。

2009 年年末，当时的日本航空已经陷入了深度的经营危机。在日本政府的再三邀请下，稻盛和夫出任日航会长。一个航空业的门外汉，78 岁高龄接手日本航空 3 个月就让这个航空界巨无霸扭亏为盈。到了 2010 年财年日本航空实现营业利润 1884 亿日元，盈利居全球第一；2011 年财年，在受到日本大地震的巨大影响下，实现营业利润 2049 亿日元，盈利再创新高，稻盛和夫功成身退。

人们非常惊讶稻盛和夫在日本航空创造的神话，于是从稻盛和夫的经营哲学、个人领导力、经营能力，以及金融机构和日本政府给予的政策支持等角度来分析其成功的秘诀，但是我发现其中一个特别重要的因素，是稻盛和夫对于日本航空如何快速恢复经营现金流所做的努力。

稻盛和夫首先公布自己零薪酬工作，同时导入管理会计系统，也就是阿米巴经营模式。阿米巴经营是他独创的一种独特的管理会计系统，它不仅在京瓷和 KDDI 中运用，而且也已经在日本和中国的很多企业中运用。阿米巴经营的核心要点，就是要把经营的理念贯穿到全员，让全员学会如何建立利润中心，掌握如何确定与市场直接挂钩部门的部门核算制度——彻底实现销售最大化、费用最小化。稻盛和夫认为，如果日本航空不建立即时反映各条航线、各个航班收支状态的体系，就无法提高公司整体效益。在我看到的日本航空 2010 年盈利结构图中，接近 60% 的利润贡献来自内部成本的降低。

通过这两个案例，我们可以看到在危机之时，从内部挖潜，挑战自我去降低成本，是很多企业立即可以采用的方式。"非典"时期，携程也遭遇了现金流入断崖式下跌的情况，携程也是快速实行一线人员轮岗、管理人员和部分部门每天只上半天班、发 60% 工资的政策，快速保有现金流，让携程度过危机。

如何让企业具有真正的成本能力？如何让成本是一种对顾客价值的投入，而不是一种价值牺牲？我在给学生们授课的过程中，以及在企业经营管理的研究中反复强调，我非常希望大家对此能够深入去理解，不仅仅是因为要面对此次危机。在危机发生的时候，我更强调挑战极限式地降低成本，尤其是对中小企业而言，其根本目的只有一个，就是保住现金流。在现金流紧张的情况下，显然要尽可能压缩投资支出，暂缓一切不必要的投资现金流出。在万不得已的情况下，甚至可以考虑出售一些非关键资产来自救。而对于具有良好现金流的企业而言，我也依然建议重构自己的成本能力，因为应对不确定性是一种常态能力。

业务价值"加减法"

迅速关注业务价值，如何在做"减法"的同时关注"加法"，是开辟现金来源的一个非常值得探索的方向，也是为企业在危机中崛起奠定基础。所以，我把业务价值"加减法"作为保有现金流的第二项内容。

比如，三星在挑战极限式地降低成本的同时，却加大了芯片厂的投资，理由很简单：在行业低潮时期进入，可以在将来行业回暖时获得更高回报。如今看来，这无疑是一个最正确的决定。在经济危机中成功运用了加减法的三星终于获得了重生。"非典"时期，携程争取到了与招商银行合作开展信用卡电话销售的项目，同时向招商银行出租携程闲置的呼叫中心，为招商银行外呼发卡，获得现金流入。

在这个特殊的春节，原计划于春节档上映的 7 部电影全部宣布撤档。就在网友纷纷感叹"没有电影的春节档"时，1 月 24 日，曾与横店影业签订 24 亿元高额保底协议的欢喜传媒宣布，《囧妈》将在大年初一免费上线抖音、今日头条、西瓜视频、欢喜首映四大视频平台进行网络首映。赢得全国观众好评的同时，也引发电影业同行的质疑。但是如果你理解其背后的行业逻辑，也许你不得不为其快速应对危机、回笼现金的能力点赞。

知乎上的一个分析我觉得很到位：《囧妈》在大年初一免费上线，得到 4 赢。①制作方 6.3 亿元直接回本。之前预估电影院上映必须达到 24 亿元才能回本，现在直接回本了。②本来贺岁档影片撤档，几千万的宣发费用就直接打水漂，现在全国人民免费看，这个流量是 10 亿元都买不下来的。等于抖音等 App 用了 6.3 亿元，换来了价值不止 10 亿元的流量。③广告公司直接植入广告，所有三方都赚到了钱。④观众免费观看。⊖其实还有资本市场上的市值增长的收获，可以说几乎全赢。这个春节，电影业是受到冲击最大的行业之一，但是《囧妈》变被动为主动，不仅快速获得现金流，还获得多赢以及长久的口碑。

我再向大家介绍另一家公司——美菜，它们的做法也很值得借鉴。美菜是一家 B2B 生鲜电商，为了应对这次的疫情，美菜联合爱心企业捐赠的 33.5 吨蔬菜从北京新发地开始，紧急送达湖北

⊖ 《囧妈》电影春节免费看背后的逻辑，https://zhuanlan.zhihu.com/p/104639693。

武汉。同时，美菜在全国范围内启动了个人和家庭服务。[⊖]美菜的相关负责人说，在美菜购物中心，不仅菜单很齐全，而且价格也很稳定。美菜网澧县公司想出"无人售货菜架"，组织约 10 人，每天连夜去采购，然后包装搭配好商品，分别在早上和下午分批把商品送到小区。经过试验，这样做的效果是比较不错的，很多商品都会当天售完。经过几天的测试，一般情况下，每个包装中都装有一定的白菜、菜花，还有胡萝卜、白萝卜等各种蔬菜，重量在 10 斤左右，价格是 10 元，可以说是非常平民。消费者只需要扫码支付，就能够把一袋商品带回家。目前美菜网已经联系近20 个小区开展这种无人菜架服务，收到的称赞也是非常多的。

据腾讯新闻 2 月 9 日消息，生鲜电商平台美菜网宣布将面向全国 40 个城市招聘 6000 名司机和 4000 名分拣员。美菜网方面表示，目前美菜网的一线员工已处于工作的极限状态，但还在全力以赴。为此，美菜特别发布临时招募信息，面向全国招聘短期服务人员，包括司机、仓配分拣员在内的一线岗位。同时，美菜网也欢迎全国暂停用工的中小企业与其开展异业合作，输送闲置员工在美菜网各地仓储中心参与仓储分拣、菜品配送等工作。美菜网及时关注危机带来的变化，并适时对业务价值做"加减"，一方面保障了民生，另一方面增加了现金流。

在每一次危机中，都有企业能够快速评估业务价值，及时做好加减法。顺丰就是在 2003 年"非典"时期，借航空运价大跌

⊖　资料来源于新京报官方微信号，2020 年 2 月 6 日发布。

之机，与扬子江快运签下包机 5 架的协议，专门用于运送快递，第一个将民营快递业带上天空，这让顺丰在服务时效性方面获得了压倒性的优势。在北京、上海、深圳等干线，即便头一天下午 6 点取件，第二天一早也能收到。通过租飞机，顺丰实现了全天候、全年 365 天无节假日派送，为顺丰的"快"奠定了行业引领者的地位。

这些企业的实践都表明，在危机中，评价业务的有效价值，针对业务价值调整，是获得现金来源的一个有效途径。同时，借助业务有效价值评价，做出相应的业务价值加减，更可以帮助企业在应对危机的同时，获得新的业务能力和新的业务价值。

释放员工的能量

通常，一家公司资产的 50% ~ 90% 都是无形的，这些无形资产包括员工、观念、顾客等，但是现实中有多少公司认真地分析过这些资产，或者计划过如何保护这些资产呢？多年前，我在讲课的时候和大家沟通企业最重要三项资产是什么，很多企业家和经理人参与了这个课程，但是并没有多少人能回答出来，其实这三项资产是：员工、顾客和文化。

对于很多企业的管理者而言，他们更关心盈利和规模的增长，更关心市场变化和对手的变化，一些管理者还会认为企业发展中，员工的作用没有管理者发挥的作用大。随着数字化时代的到来，人们越来越感受到个体价值的崛起，企业管理者也开始认真去理解员工价值创造，并为员工提供价值创造的平台与发挥作用的机会。人们开始理解，如果管理者不能注重利用和开发员工的创造力及潜力，那么公司最有效的一项创造性资产就被浪费掉了。

员工最懂顾客。接触顾客最多、创造价值最直接的正是员工，公司只要把员工的创造力和潜力与所有的顾客连接在一起，企业就会具有明显的竞争优势，那么，在危机时期，员工依然是公司在危机中获得主动权、快速反应的最重要的影响因素。

也许大家还记得，正是"非典"期间员工的建议，成为京东的历史转折点。2003 年前，京东还和电商没有任何关系，是家主要卖 CD 光盘和刻录机的公司。突如其来的"非典"，让京东 21 天亏掉了 800 多万。当时京东账面上有 2000 多万资金，只能撑 3 个月了。而传言"非典"至少要 6 个月才能过去，不得已之下，刘强东把 12 家店全部关闭，大部分人员暂时回家，只有他自己和 6 名员工留守办公室。

有一天，一个留守员工说，我们为什么不在网上卖东西呢？刘强东觉得他的想法很好，于是大家开始每天泡在网上。当时北京的 CD 圈都喜欢逛一个叫 CDbest 的论坛，刘强东也在论坛上面发帖。有个版主跟帖说，这家公司我知道，是我认识的唯一一家不卖假光盘的公司。这个版主是论坛创始人，在论坛很有影响力。因为他这句话，京东一下子有了 21 个客户——这是京东历史上第一批电商客户。这批生意让刘强东看到了一个新的生意模式。后来，刘强东靠着在网上卖货，撑过了"非典"时期。

"非典"过后，京东线下又迎来火爆的生意。但是刘强东经过"非典"期的试水，判断中国将迎来电子商务的大爆发，于是决定自己开一个电商网站。2004年1月1日京东电商网站上线，到了2004年年底，刘强东力排众议，关闭了占净利润90%的线下业务，全心全意做网站，并把京东发展为中国第二大电商公司。很多年以后，刘强东说，是"非典"成就了我，成就了京东。[⊖]

因为员工在一线，离顾客最近，也最熟悉公司，所以释放员工的能量，依靠员工的创造力，往往能够获得最直接的绩效。正如俗语所言，"最长的脚趾最先知道疼"，一线员工对市场的敏感度及对顾客的敏感度，有时会超过管理者，如果管理者愿意给员工授权，员工会贡献很大的价值。

员工贡献效率。在危机的环境中，降低成本更需要员工参与进来，快速响应危机带来的变化同样需要员工参与进来，只有员工才能够真正贡献效率。员工的共识和行动，是获得效率的关键。

新华社上海2月8日电（记者有之炘、孙青）"日夜攻关！三天拉出流水线！"为了保障疫情下的防护服供给，知名内衣品牌

⊖ 何加盐，"非典往事：陷入绝境的京东、携程、新东方是怎样活过来的"，商业评论，2020-02-07，https://mp.weixin.qq.com/s/SVjdgyBw9DfSRf16C6SyRA。

三枪集团紧急转产防护服，实现民用防护服生产能力从无到有的突破，目前已初步达到日产 5000 套的生产能力。第一批货于 2 月 5 日交付。

同样高效响应的还有探路者，这家主营户外运动用品的公司，面对防控一线对防护服的迫切需求，探路者全体员工义不容辞扛起了身为探路者人应当担负的社会责任，全员线上复工，随时响应订单。此次生产的第一批非医用防护服将用于捐献，供给最需要的防护一线。探路者非医用防护服初期单日供给量预计约 5000 件，后期探路者将会通过整合优质资源、继续增加人力和物力投入等方式努力进一步提升供应能力，预估最高月产量可达到 30 万件。

三枪和探路者如此快地转换生产线，为疫情救治和防控提供保障，其中一个重要的原因是员工贡献的效率。无论是管理研究，还是管理实践，都可以确认员工决定一个企业的效率、品质和成本。正如德鲁克指出的那样，提升经济绩效的最大契机完全在于企业能否提升员工的工作效能。这一点，在危机时显得更为突出，身处危机中的企业，需要挑战极限式地降低成本，需要根据市场环境的变化快速行动，需要根据顾客需求的变化调整业务，需要找到新的现金流来源，还需要想办法贴近顾客，而这一切，都是由员工去实现的。作为管理者，你必须认识到你的员工能够做出的潜在贡献，并且让他们得到发展。

　　所以，在危机时期，优秀的企业会想办法留住员工，留住人才，甚至借助危机。很多企业的人才流动出来，吸纳更优秀的人才，让自己企业的人才结构更加优化。这些企业很清楚地知道：企业战略的实施需要更好的人才结构，企业持续的发展完全取决于人才本身。更明确地说，成功的领导者依靠的是创造出一个良好企业文化的环境激发人们的力量。

应对危机的生存之道 4

危机导致外部环境产生巨变，

存活下来对每个企业都是一个挑战。

······················

应对之道：

你必须从变化更快、不可预测性更高的

环境中找到变现的方法。

我们终究会活成自己所期待的样子

第六章　底层逻辑

脆弱的事物喜欢安宁的环境，而反脆弱的事物则从混乱中成长，强韧的事物并不太在意环境。

——纳西姆·尼古拉斯·塔勒布

（Nassim Nicholas Taleb）

《反脆弱：从不确定性中获益》

有关企业文化与组织文化的研究，让我理解：当某种解决问题的方式可以持续有效地解决问题时，则该解决之道就被视为理所当然。它起初只是被推论或价值观支持着，后来则逐渐成为毋庸置疑的真理，而人们在不知不觉中认为这是解决问题的最理想道路，由此形成组织成员认定的基本假设。如果某个群体认同了基本假设，那么成员的行为就不可能为其他的问题所左右了。

一个组织有了明确的基本假设，可以帮助组织成员克服焦虑，认知周遭的事物并具有相应的判断，保有稳定的心态去面对周遭事物。在这样的心理历程中，文化有其终极的力量：文化就是一组基本假设，用以界定什么是我们要注意的、什么是事情的真谛、对正在发生之事该有怎样的情绪反应，以及在各种不同的情境中，应该采取怎样的行动。一旦发展出一组这样整合性的假设——可以称为思想的世界或心智地图，我们与持有相同的一组假设的人相处，便有最大的适应感；反之，在不同假定同时运作的情境中，我们会觉得非常不舒服和容易受伤，因为我们不了解是怎么回事，或者更糟的是对彼此的行为有错误的知觉和解释。[⊖]

一般而言，企业都有自己的基本假设，所以有关企业基本假设部分，不是我要去探讨的话题。我想借助"基本假设"这个概念，与大家探讨如何形成面对危机的底层逻辑。我们需要形成有关解决危机问题的有效逻辑，一旦它被确认下来，对组织成员而言，面对危机时，就不会产生焦虑，并可以凭借底层逻辑，形成

⊖ 陈春花等. 企业文化 [M]. 3 版. 北京：机械工业出版社，2019.

我们面对危机的心智地图，帮助组织成员在危机中知道如何采取行动。

2003年我出任山东六和集团的总裁，一上任即遭遇"非典"疫情危机，和此次危机一样，遇到交通阻断、生产停顿、出口到日本的肉食品被退回等一系列冲击。2004年伊始，"禽流感"在亚洲爆发，以家禽为主的企业和产业随即受到严重影响，我所在的企业就是其中之一。幸运的是，我和团队很好地应对了这两次大危机，并在这两年间，让企业一跃成为行业第一名。2013年我出任新希望六和的联席董事长兼首席执行官。作为一家农牧企业，我们不得不面对2013年"黄浦江漂猪"危机及禽流感疫情，全行业更面临产能过剩、产业模式落后的危机。这一系列的环境变化，导致企业处在发展的瓶颈期。同样幸运的是，我们再一次战胜了危机，不仅恢复了企业增长，还完成了战略转型与组织转型，为企业可持续发展夯实了基础。

当我回顾这一切，去探寻背后的驱动因素时，我发现团队成员具有面对危机的一些基本观点。正是这些观点，帮助企业迎难而上，没有让危机成为阻碍企业发展的制约因素，反而在危机中获得全新的发展机会。这些基本观点，也就是我所称的底层逻辑，包括四部分内容：①所有的成功都是人的成功；②结果基于意愿，始于行动；③要想保持领先，唯有更用心；④分享与共生是关键。

所有的成功都是人的成功

在危机中，企业首先要活下来，要迈过危机这道坎，正如我在前面所讲的那样，此时最需要的就是依靠人，依靠人的创造力。在危机时期，最能彰显企业特质，并检验企业是否真正具有自我发展的能力。

经历了 2000 年互联网泡沫的腾讯董事长兼 CEO 马化腾于 2008 年 11 月 6 日对《广州日报》的记者说："如果在'冬天'里过分谨慎反而会丧失机会，对未来的长远发展不利。"同期遭遇互联网泡沫的阿里巴巴创始人马云说："我们就是一家互联网公司，我们是一家电子商务公司，坚持这一点会让我们找到属于自己的机会。"事实也是如此，到 2019 年，腾讯和阿里巴巴已经成为具有全球影响力的公司，并成为全球市值前十的中国公司。

2019 年 5 月 16 日，美国商务部正式把华为技术有限公司以及其 68 家关联企业列入出口管制"实体清单"。这 68 家公司分布在至少 20 个国家。相关人士认为，届时供应链受阻的华为，甚至会"无货可卖"。然而，华为自己有"备胎"。5 月 17 日凌晨，华为海思总裁何庭波发内部邮件称，多年前，还是云淡风轻的季节，公司做出了极限生存的假设，预计有一天，所有美国的先进芯片和技术将不可获得，而华为仍将持续为客户服务。

邮件中还提到，为了这个以为永远不会发生的假设，海思走上了科技史上最为悲壮的长征，为公司的生存打造"备胎"。而华为的产品领域是如此广阔，所用技术与器件是如此多元，面对数以千计的科技难题，"我们无数次失败过，困惑过，但是从来没有放弃过"。何庭波还强调，华为不仅要保持开放创新，更要实现科技自立，不再依赖他国技术，用自身的研发实力证明华为能够做到科技自立。⊖

腾讯、阿里巴巴、华为，这三家中国领先企业的发展历程不同，所处的行业不同，所遭遇到的危机也不同，但是它们共同的特征之一是，在危机来临时，都回归到向企业自身寻求力量，依靠企业自身的发展力和创造力，创造出不同凡响的成就。

克莱顿·克里斯坦森（Clayton M. Christensen）与其合作者在

⊖ 资料来源于每日科技网"蓄势待发！华为又迈出一大步，备胎芯片终于'转正'"，
http://www.sohu.com/a/315211843_424684。

他们合著的新书《创新者的基因》中得出一个结论：如果个人、团队和组织想要有"非同凡想"，就必须有非同凡人之所为。他们非常希望读者有这样的认识：如果你有非同凡人之所为，你就会有"非同凡想"，如果你的组织有非同凡人之所为，你的组织就会有"非同凡想"。[⊖]我们也可以有这样的认识：在危机中活下来并发展起来的企业，一定是有"非同凡想"的，所以就一定有非同凡人之所为。

⊖ 戴尔，葛瑞格森，克里斯坦森. 创新者的基因 [M]. 曾佳宁，译. 北京：中信出版社，2013.

结果基于意愿，始于行动

"结果基于意愿，始于行动"是底层逻辑中的第二个基本观点。如果你有意愿接受危机，面对事实，有意愿与危机共处，有意愿去解决危机，那么，解决危机的结果就有可能摆在你面前。但是只有意愿还不行，还要行动，通过行动你才会有结果。

我从很多优秀企业（或组织）的发展历程中，都看到这个基本观点的运用案例。我用西点军校、壳牌和李宁的实践来佐证这个观点。

西点军校一直是我特别感兴趣的一所大学，不只是因为我自己是大学老师，更是因为西点军校的毕业生所取得的成就：他们一部分人进入军队，成为军官；一部分人进入大学，成为大学管理者；还有一部分人进入企业，成为许多著名跨国公司如惠普、IBM 和通用电气的管理者，通常会在学员即将毕业时，提前去西点军校物色人才。西点军校出来的学员，在商界获得成功的概率很高。因此，很多人说，西点军校是美国最好的商学院。

杨壮老师的一篇文章，替我们揭开了西点军校毕业生进入商界后迅速成功的秘诀。其中一条是，在西点接受训练，第一年强调的是执行力，执行所有的事情。第二年开始培养领导力，学员可以管理 3 ~ 10 个学生，第三年管理 30 ~ 300 个学生，第四年可以管理 4000 个学生。西点军校的信条是：如果没有当过下属，就当不好领导。

西点军校有三个理念：通过教育获得自我认知，获取知识；通过培训，把知识变成行为，言行一致，或者是知行合一；品格至上。西点人认为没有知识的人是愚蠢的；而没有行动的人，是可悲的；没有品格的人是卑劣的，是危险的。

西点军校对领导力的训练，主要通过六个方面进行：军事训练、体能训练、智力训练、道德训练、精神训练和社交训练。六个领域的指导方向是能力、素质、品格。领军人物的训练，强调的一个是素质，一个是品格。素质方面主要是知识和技能，品格方面主要是精神层面、道德层面和价值观。在整个培育过程中，要有精神上的信仰。学员可以是无神论者，这没有关系，但西点

会鼓励你在道德领域里，按照西点的理念去寻找自己的信仰。⊖

西点军校通过一系列的课程及训练，让西点的学生们具有知行合一的能力，具有自己的信仰，而这些学生也因此在毕业后成为领导者。

我们再来看看壳牌。1972 年，壳牌石油时任 CEO 皮埃尔·瓦克（Pierre Wack）成立了一个情景规划小组，该小组认为能源危机并非天方夜谭。在当时欧佩克还没有成立的情况下，几乎所有西方炼油企业都认为中东地区的石油可以无限供给，而当时皮埃尔·瓦克就提出能源危机很快会到来。所以，壳牌在 20 世纪 70 年代初期就开始现金储备，这样在 1973 ~ 1974 年石油禁运导致油价飙升的时候，壳牌成为唯一一家有足够资源储备过冬的大型石油公司。

20 世纪 80 年代前期，度过石油危机的西方发达国家进入相对繁荣阶段，各大石油公司利润状况都很好，因此进行了大规模油田收购。但是，壳牌没有这么做，它着力于储备现金，降低负债率。在 1986 年石油价格崩落时，其他石油公司纷纷陷入财务危机，急于出售资产，壳牌又成为这一次石油危机中的最大赢家，它在危机中以低价收购了大量资产，这些资产为其奠定了未来 20 年的成本优势。⊜

⊖ 资料来源于"杨壮谈领导力"微信号，https://mp.weixin.qq.com/s/YfoI7vGSSg30UMRrPPTIjw。

⊜ 基于时间的竞争：节奏、趋势与时机，哈佛商业评论，2017-05-09，https://www.hbrchina.org/2017-05-09/5215.html。

我选了一家中国公司来继续帮助大家理解这个基本观点，它是李宁公司。2008～2017年，李宁公司几乎经历了一个运动品牌能够经历的一切。这10年中，李宁公司先是高速发展，最高营收达到94.55亿元，距百亿仅一步之遥；但是接着却遭遇了下滑，营收下降到52.18亿元，仅仅3年的时间，暴跌近45%。

一时间，外界质疑、经营压力、内部人心浮动等一系列危机和挑战，摆在了创始人李宁面前。李宁下决心带领公司从困境中解脱出来，他采用各种措施让李宁公司内部成员最大限度地明确他强调的"一切以业务为导向"方针。李宁带着团队成员，一个店一个店地去调整，一点一点去优化库存、应收账款，资产负债表一步一步向好，同样用了3年的时间，终于李宁公司走出危机。[⊖]

很多时候，我们会羡慕这些优秀的企业或者组织，它们总是可以找到发展的路径，可以从低谷中走出来，总是可以取得常人做不到的成就。但是我们更应该看到的是，它们所具有的强烈发展意愿、求得结果的决心，以及全力以赴的行动。最后我用史蒂夫·乔布斯（Steve Jobs）说过的话来总结这个观点："我想在宇宙间留下自己的痕迹。"当他表达完这个意愿后，他决定去做一款完全不同的手机，他做到了。

⊖ 懒熊体育，"从巨亏30亿到门店超6000家、营收过100亿，李宁如何转败为胜？"，https://mp.weixin.qq.com/s/zcvZJdtdeGbj-rIzTY5SHQ。

要想保持领先，唯有更用心

我记得托马斯·爱迪生（Thomas Alva Edison）说过的一句话："我没有失败过……我只是发现了一万种不管用的方法而已。"这也是面对危机的一种态度。一场危机到来，检验的是企业的免疫能力，检验的是企业在危机面前如何更加有效地去行动、更快地理解危机、更贴近顾客的能力，同时，也是考验企业的韧性与坚持的能力。

思念食品是一家成立已有 23 年的食品制造企业，在全国多地建有工厂，拥有近 2 万名员工，经历过 2003 年的"非典"。也正是"非典"的经历，让思念在遇到新冠肺炎疫情时不慌张了，很多行动自然而然就想到了。

2003 年"非典"时期，因为疫情持续时间长，加上原料采购受阻、成品物流受阻，思念就缺了两个月的货，但整个营收至少比正常年份减少了 30%。过往的经验教训，让思念在面对这次疫情时，复工前做好 3 件事情：第一，提前行动；第二，关注员工；第三，跟政府保持密切联系。

"我们要担心的不是生死存亡问题，而是如何在疫情中降低损失，保证生产，得熬过去。我非常认同'信心比黄金还重要'这句话，不空谈、多务实，关注与关怀一线员工健康，领导层带头走出去跑市场、公益捐助等，这都是我们这些制造企业扎扎实实应对这场防疫阻击战的应有作为。"思念食品总经理王鹏说。[⊖]

思念食品在危机中用心做好复工前的 3 件事，帮助企业总结过去在危机中的经验教训，也帮助企业找到自我存续的能力。在此次危机中，一些中小企业能够相对好地走出来，其中最重要的原因，是它们比其他同行做得更多一些，更用心一些，武汉 Today 便利店就是其中一个典型代表。

武汉 Today 便利店成立于 2008 年，在武汉、南宁、长沙共设有超过 400 家门店，其中武汉 300 多家。春节本应该是武汉这 300 多家门店的盈利高峰，但是受到武汉"封城"的影响，这家便利店平均每天仅 70 多家门店仍在营业，杨密所加盟的后湖店

⊖ 王鹏. 劳动密集型企业复工前要做的3件"必要事"[EB/OL].(2020-02-07)[2020-02-17]. https://mp.weixin.qq.com/s/9hcfVzpizb8jnSwx-5Yckw.

就是仍在营业的门店之一。

随着武汉封城的时间往后推移，很多人家里的菜都不够吃了。为此，武汉 Today 便利店于 1 月 29 日紧急上线了一个新的服务，顾客可以在"饿了么"上面下单买菜，到门店来自提。每天早晨 9 点半，"饿了么"的司机会把菜送到门店。

除了生存压力，这也是杨密对便利店背后社区的情感所系。"我周围的顾客所需要的许多东西，在短期内仍然是缺乏的。但我觉得，只要我现在把店开着，不管货品是否齐全，总是可以满足一部分顾客。哪怕只能解决那一部分人的生活需要，我也是在帮助这个城市了。"杨密说。⊖

我们发现，那些能够在危机中存活下来，能够在危机中崛起的企业，最擅长做的，也是最有效的行动，就是比别人更用心地去做事情，更有韧性地去面对危机，更努力地去服务顾客。这是一个看起来极其普通的结论，但是能够做到这一点的企业，都无一例外从危机中走了出来。

从亲身经历中，我也学到了这一点。2003 年"非典"疫情危机时，我所任职的公司出口到日本的产品被退回。当时所有做肉产品外贸出口的企业都陷入巨大的现金流压力之中，一些企业甚

⊖　一家"封城"中的武汉便利店，https://mp.weixin.qq.com/s/XJ_H1zon5fY7E MqwmcPHEg。

至因此而倒闭。第一时间接到外贸部门同事的电话告知日本退货这件事，大家都有点儿蒙了，我们立即召集开会探讨该如何做。如果这些货物滞留在仓库里，几天的损失就会拖垮整个公司。我们讨论后做出决定，成立专门小组，开始以最快的速度转型做国内销售业务。在此之前，这一部分业务只做外贸出口，完全没有涉及国内销售，但是危机来了，我们只有这一条可选择的出路。小组成员夜以继日地工作，用尽心思去寻找国内合作伙伴，去建立渠道关系，去了解用户的需求。功夫不负有心人，3 个月后，我们终于打开国内市场，到了 2003 年年底，肉产品业务竟然创造了前所未有的业绩，为公司接下来成为行业第一奠定了坚实的基础。

最让我高兴的，并不是公司最终的业绩结果，而是公司的同事们经此危机懂得了这个简单的道理：如果想从危机中走出来，想保持领先，只有依靠我们自己更用心。用心是走出困境的关键，因为危机往往是不遂人愿的，唯有更用心，才可以从中找到机会。当我的同事们具有了这种底层逻辑后，无论遇到什么样的危机，他们都会知道如何去面对，知道如何采取行动，不会在危机面前不知如何作为。想不到，2004 年亚洲禽流感疫情危机爆发，又一次考验了我和同事们，但是这一次，我们因为已经具有应对危机的思考模式，所以很快做出了应对危机的行动方案。有了这些有效的行动方案，加上团队的执行力和解决问题的创造力，在 2004 年，我们获得全行业最好的增长，一跃成为行业第一。

分享与共生是关键

越是面对危机的时候，企业越需要找到与合作伙伴、与员工共生的方式。危机之时，合作伙伴的生存是企业在危机中存续的关键影响因素之一，公司员工则是可以帮助企业度过危机的关键成员之一。在危机中如何与合作伙伴共生、与员工共生，是一个巨大的挑战。但是，很多企业的实践证明，如果能够在危机中坚持分享与共生，企业就有了可持续发展的坚实基础。

此次危机中，很多大企业做出的与伙伴共生、与员工共生的行动，令人感到温暖，也感受到希望。正是源于此，当很多人问我，此次疫情危机会给中国经济造成多大程度上的影响时，我回答说，会具体影响到一些行业、一些企业，也会影响到 GDP 的增速，但是不会影响到中国经济的基本面。我们来看看几个具体案例，从中你一定可以得出和我一样的结论。

在疫情危机发生后，华为公司先捐价值 1 亿元的物资，再帮助医院建立 5G 基站。投入建造火神山医院时，华为公司仅仅用了 3 天时间就完成了当地 5G 网络的建设，包括从网络规划、勘察设计，到现场的光缆铺设、基站安装、开通调测等整套的施工操作，为火神山医院提供了超高速的 5G 上网服务，保障了数据采集、远程会诊、远程监护等医疗业务的正常开展。同时，华为又投入了 150 人的团队，专门保障当地的 5G 网络服务。与此同时，华为还捐款 3000 万元。

2 月 10 日，华为在微博上发布致合作伙伴的一封信。在信中，华为表示，将为全体合作伙伴提供大量支持。华为将免费提供 WeLink 云平台，助力伙伴远程办公。面对分销金银牌伙伴，2019 年 11 月和 12 月囤货订单给予 30 天账期延长（湖北区域延长 60 天）；华为将联合融资类伙伴，为有需要的核心合作伙伴提供融资方案。

智慧树，在满足各个大学用户延期开学但确保不停课的需求下，投入人力和物力，把原定 2020 年 2 月 20 日开始的春季学期，提前半个月时间，在 2 月 5 日即正式上线运行，学期截止时间延长到 8 月 20 日，选课学校在此周期内可按本校教学要求和特点，自行设定实际教学周期。

　　智慧树紧急动员投入研发力量，开发直播互动系统。面对疫情期间倍增的校内远程授课需求，智慧树网在 2 月 10 日正式发布"在线实时授课"功能，以"PPT 等教学资料＋实时语音"的轻量化直播方式，以低带宽、低延时配合"知到"教学工具，希望帮助师生顺利、高效完成教学目标，这些课前＋课中＋课后数据自动生成教学报告，供教师、学院、教务处使用。

　　这场疫情来得太突然了，让所有奶农都猝不及防，对于产业链较长、横跨一二三产业的奶业来说，交通限制引发的供应链"堵塞"同样带来巨大的冲击。在双重压力之下，奶农遭遇巨大的损失，"我这都倒掉好几吨奶了"，来自河北的一位奶农对采访的人这样说。为了帮助奶农渡过难关，光明乳业在全行业率先承诺：对于签订采购协议的合作牧场，不拒收一滴奶。

　　光明乳业深知"此时，全产业链日子都不好过，特别是上游奶农，如果此时企业不收奶，他们只能不断倒奶，这对行业是打击，这是让人痛心的行为"。所以，光明乳业承诺"尽管我们很难，但是我们还是决定要将压力留给自己，承担起来，承诺对与我们签订了采购协议的所有合作牧场，不拒收一滴奶。并且我们也承诺保证不随意降价，严格按照合同约定去执行"。[⊖]光明乳业的罗海转发相关信息给我时，我深为光明乳业与合作伙伴共生的努力而点赞，也相信这家企业拥有了可持续发展的坚实基础。

　　⊖　资料来源于"食悟"微信公众号，2 月 7 日文。

想办法留住员工，与员工共生，对于中小企业来说更是一场硬仗。眉州东坡选择坚持开业，喜家德选择延迟开业，分批开业，其目的都是为了留住员工，与员工共生。喜家德创始人高德福说，喜家德特别看重人才和财务的稳健性，是根据人才而不是钱开店。这次疫情危机下，喜家德在严格开业的前提下，为什么要分批开业？因为有一批优秀的员工在家待不住。人才跑了，企业就真正死掉了。

海底捞的董事长张勇给他的 122 405 位员工和员工家人，制作了一则做西红柿鸡蛋面的视频，在疫情危机之时，让人觉得特别温暖。为什么要做西红柿鸡蛋面？张勇说，因为他小时候最爱吃西红柿鸡蛋面，现在也特别想吃。张勇希望能教会那些待在宿舍、待在家里的小伙伴们煮面，"希望大家无论在哪儿，都好好吃饭"。没有娴熟的手艺，没有清晰的流程，张勇做了一碗"漏洞百出"的面，他还因为忘了放西红柿，把原定的"西红柿鸡蛋面"给整成"鸡蛋面"。但这位像自家大哥一样亲切随和的"张大哥"，用最平实的语言打动了员工。"你们那么多人，又分散在那么多地方，我没办法拜访每个人，就在视频里教会大家自己做碗面给自己吃。"因为张勇知道，"没有人关心海底捞的老板是谁。每个人选择海底捞，一定是因为他接触到的服务员，店里的食物和环境。你们才是真正的海底捞的英雄！"他真的把员工看成是家人。⊖

⊖ "暖心！海底捞'张大哥'煮的这碗面感动了疫情中的我们"，https://mp.weixin.qq.com/s/yqCom6BFMZGxWuoenLsUMQ。

危机中，在餐饮企业自救的同时，很多行业加入到旨在帮助员工的"共享员工"模式计划中。盒马全国经营管理总经理胡秋根表示，盒马在春节保留了七成的运力，但随着疫情爆发，整体需求量激增，经过内部会讨论，希望联合餐饮同人，解决一下用工问题，这才有了"共享员工"的模式。截至 2 月 6 日，包括云海肴、青年餐厅、蜀大侠在内的 21 个餐饮企业，1200 余人加入盒马临时用工队伍。员工都经过健康的排查、检疫，包括做好防疫、业务技能的培训后，才可上岗。

2 月 4 日以来，生鲜传奇、沃尔玛、金虎便利等多家公司也发出了"共享员工"的邀请，欢迎暂时歇业的员工前去"上班"。2 月 5 日，京东 7FRESH 发布了"人才共享"计划，邀请临时歇业的餐饮、酒店、影线及零售联营商户员工前去"打短工"。2 月 6 日，阿里本地生活推出就业共享平台，招募万名餐饮员工临时送外卖。

这些信息非常令人振奋。企业借助不同商业模式、不同业态之间的协同共生，给危机中的企业和员工新的可能性，让更多人得到帮助，在得到自救的同时，也帮助了其他企业。

分享与共生一直是我所坚持的观点，因为这也是数字化时代企业发展的底层逻辑。2018 年，在我和赵海然合作出版的《共生：未来企业组织的进化路径》一书中，我们认为，在合作的要求下，相同领域甚至不同领域的组织不再是竞争对手，而转变为荣辱与共的命运共同体。顾客参与价值创造、移动互联网的冲击以及市场竞争的激烈，组织需要改变固有的思维模式，将传统的价值链创造价值模式转变为命运共同体合作创造模式。[⊖]

⊖ 陈春花，赵海然. 共生：未来企业组织的进化路径 [M]. 北京：中信出版社，2018.

应对危机的生存之道 5

在持续不确定性中，

胜利者斩获颇丰，

而那些无法面对不确定性的企业会被淘汰。

....

应对之道：

要想有效驾驭不确定性

会有很多要求，

尤其是要有稳定的底层逻辑。

不断『向自己挑战』是一家公司得以持续发展的核心特征

第七章 变革之路

有时现实比小说发展得更迅速、更难预测。故事必须遵从某些约定俗成的情节设定模式，以便让观众觉得合情合理，但现实却不存在这一掣肘。事情就那么发生了，几乎没有什么时间表可言。

——道格拉斯·洛西科夫（Douglas Rushkoff）
《当下的冲击：当数字化时代来临，一切突然发生》

对于任何人来说，环境都是双刃剑，很多人认为不好的因素，可能在另外一些人看来却是好的因素。

从客观的角度来说，此次危机影响大、不确定性高，所以带来的冲击也大。但是，我们同时看到，危机导致市场格局重新界定，行业格局发生变化。对于可以利用格局变化的企业而言，危机也是一种新的发展契机。如果企业管理者能够理解危机带来的冲击，理解如何去认知危机并做出彻底改变，会有完全不同的一番天地。对于危机，我不能说它是好事，我只能说，危机带来的困难更多，我们要做得更好，我们要面对危机做出彻底变革。

这次危机对每个人、每个企业乃至整个国家都是一次考验，不仅考验响应速度，还考验整体协作能力、内在免疫力，以及摆脱危机能否恢复经济发展平衡的能力。而经此危机，也是一个加速淘汰和加速升级的过程，那些能升级自己、提升免疫力的企业，将会化危为机，成为强者。

如何把危机变成企业自我变革升级的契机，需要企业在 5 个方面做出变革：数字化、发展模式、组织管理模式、工作模式、公众沟通与传播模式。

数字化变革：拥有数字化能力

此次危机，让很多人真切感受到在线模式的价值。在这个特殊的假期，大部分人的生活是在线模式，在线获得信息，在线交流，在线工作，在线购买生活用品，甚至在线调整自己的情绪与心境。

在整个疫情防控中，大数据与人工智能发挥着巨大的作用。在疫情防控中，腾讯联合微医、好大夫在线、企鹅杏仁、医联、丁香医生等五大互联网医疗服务平台，立即上线"疑似症状在线问诊"小程序，引导公众如果出现轻微的疑似症状，可先行线上咨询医生，免排队，直接和医生对话，快速简单地判断病情，减少线下接触，避免交叉感染，提升医疗资源利用效率。AI 算法使新冠病毒 RNA 分析时间从 55 分钟缩短到 27 秒，百度智能外呼平台用语音机器人代替人工，帮助政府、基层社区快速完成居民排查。

云服务，就在这样猝不及防的情况下迎来了一次大考。在疫情危机中，远程医疗、政务服务、信息数据每日播报、大数据应用的开发，在物理隔离下，线上成为海量信息交互的关键节点，是另一个抗疫战场。政务、医疗、企业火速"上云"的背后，是云服务厂商的火速"上云"。正如2003年的"非典"疫情助推了电商的崛起，本轮的新冠肺炎疫情则加速了各个行业从线下向线上的迁移，在防疫的迫切需求下，云服务行业掀起剧变。仅以华为为例，企业客户暴增的需求直接拉动华为云WeLink的流量增长。春节后的工作日，华为云WeLink每日新注册企业数增长了50%，每日会议数增长了100%；春节期间新增企业数10万，新增日活用户数超过100万，业务流量增长了50倍。华为云为了帮助用户，官宣2020年6月1日前，华为云WeLink智能工作平台免费提供1000个账号使用及100方不限时长视频会议。[⊖]

同样，京东云与AI发布"人工智能公共服务平台"公益版，向政府、企业、公众提供疫情地图、智能防疫助理、远程医生、教育办公等技术服务。"人工智能公共服务平台"是京东智能供应链国家新一代人工智能开放创新平台的重要组成部分。此次推出的公益版，由京东云与AI面向各地政府针对疫情防控定制研发，搭载了疫情爆发以来京东云与AI推出的所有免费技术产品，以

⊖　资料来源于华为云官方网站。

期用全矩阵技术产品，打赢疫情防控"阻击战"。

企业微信、钉钉等在线开放工作平台，让千千万万的企业能够展开工作，也陆续推出免费使用协同办公工具与平台的措施和政策。在这个特殊的时期，拥有线上平台的企业反而得到了大展身手的机会，一些不具备线上平台但是具有数字化能力的企业，也快速和平台对接，找到自己的机会。但是对于没有数字化能力的企业而言，在这段时间里，完全束手无策。

数字化技术在此次危机中，为各种需求提供了全新的解决方案。无论是从商业价值还是社会价值来说，数字化技术都让我们感受到其带来的温度与力量。我们也可以把危机之时产生的解决方案看成是一个应激的反应，但是，我们也很清楚，现在的一切，也是未来可能发生的一切，甚至就是未来已来，正在发生。

我们需要认识到，危机中显现出来的数字化现实，是一种根本的变化方向。我还是那句话，危机只不过是让数字化现实更快地来到我们面前，我更希望企业管理者能够认识到这一点，从而真正去拥抱数字化，不是为了要应对此次危机，而是要面对数字化带来变化的现实。帮助企业快速拥有数字化的能力，哪怕你是通常意义上的传统实体企业，都要做出彻底改变，拥有数字化能力。以下三个案例企业都是因为具有数字化能力，在此危机中从容应对，高效回应，并取得很好的绩效回馈，它们的实践应该可以给我们很多启示。

天虹百货 在线下商店无法开展业务的时候，天虹因三年前布局数字化，在危机中显得非常从容。2 月 5 日，天虹到家深圳订单近 2 万单，全国单店最高超过 1000 单，总订单翻了 6 倍，各门店销售占比普遍提升了 1 倍以上。危机中总有生机，但只留给有准备的人。天虹在疫情期间损失惨重，但庆幸的是，天虹从三年前开始自建平台，运作超市的到家业务。一年前天虹启动了百货到家，手握天虹 App、天虹小程序、基于企业微信和微信生态的百货数字化解决方案等一整套数字化工具，从自有生态走向开放生态。疫情的到来，让 2200 万数字化会员的价值凸显。闭店期间，天虹百货对全国 90 多家门店加强推行到家业务，导购交出了不俗的成绩单。"不要总是想等待别人来拯救，没有人能救你，就是要自救。如果能看到未来的生机，培养未来的种子，锻炼企业的核心能力，做文化建设，这个企业会成为更优秀的企业，会涅槃重生。"天虹数字化经营中心总经理谭晓华对《21 世纪商业评论》的记者如是说。

在采访中，谭晓华复盘了天虹的到家业务，以及线上线下一体化、数字化运营。这不仅是天虹苦练内功的挑战，也是全行业反思和进步的机会。谭晓华认为："我们的超市到家业务做了四年，百货打了一年的基础。数字化是一定要去做的，你不觉得现在就是未来的模式吗？未来可能就是这个样子。在线是不可回避的，不要把它作为一个锦上添花的存在，应该把数字化的经营能力变成我们零售人都拥有的基本功。"⊖

⊖ 邱月烨. 天虹自救：总经理开私家车送快递 员工直播卖货, 21 世纪商业评论, 2020-02-12.

吉兆寿司 正如天虹的数字化实践那样，企业如果把数字化变为基本功，就可以享受到数字化带来的经营模式快速切换的优势。吉兆寿司在此次危机中的表现也同样证明了这一点。这家公司除部分处于疫情严重区域的门店关闭外，其余门店均处于营业状态，部分店面甚至保持盈利。他们是如何做到的？吉兆寿司已有一万多个社群，十余个公众号，构建了200万人的粉丝池。疫情期间，他们同时利用自有的粉丝池不断触达用户——每家店平均拥有约30个微信群，通过在微信群内发出微生活卡券吸引用户，用户在外卖小程序下单，还可快速接入配送平台，迅速实现从堂食为主到外卖为主的转换，吉兆寿司还将其数字化能力输出给自己的合作伙伴。⊖

永辉超市 2月3日，A股市场春节后首日恢复交易，永辉超市（601933）报收7.80元，涨幅3.04%，虽然涨幅不大，却是当日零售板块唯一上涨的股票。

结合市场和客户需求，永辉现在就是线下坚守生鲜加强型超市的业务逻辑，同时结合线上到家业态融合发展。根据财报，永辉上半年应收账款超过400亿元，全年的应收账款预计接近或者突破900亿元大关。2018年永辉超市的营业收入大约是700亿元。在经济形势处于下行周期时，永辉还能保持不错的增长势头，除了新开门店，还有哪些增长点？

⊖ 吕辉，"这轮危机过后，餐饮老板必须想想数字化的事了！"，21世纪商业评论，2020-02-11。

增长的原因有以下几个：

一是大力发展到家业态，通过线上线下融合获取增长；

二是持续推进 mini 业态，通过业态互补来实现增长；

三是持续加强供应链优势，通过成本、损耗等方面的有效控制来提升利润空间；

四是调整商品结构，积极引入新品、精品，通过新品、精品吸引新客；

五是持续升级到店体验，每年投入专项费用，对永辉线下门店进行升级改造，提升线下客流。

在近年的发展轨迹中，永辉超市虽然不乏创新，但是主业始终聚焦在以生鲜为核心的零售业务上，并持续打造自己的前台服务能力与上游供应链能力。同时，永辉也并未放弃用科技手段武装零售业这一古老的行业。"2020 年，我们将主推线下门店的数字化改造，未来，顾客可以实现线下扫码、线上下单和现场支付，同时还将大力推广扫脸支付等新的技术手段。"[一]

我很同意谭晓华的观点，在线是不可避免的，应该把数字化的经营能力变成基本功。无论是零售业的天虹、永辉，还是餐饮业的吉兆寿司，因为具有数字化的能力，均在此次危机中显现出不同的发展态势。疫情危机迫使人与人不得不隔离，却难以阻挡科技实现人与人的连接。此轮危机，恰恰是企业拥抱数字化的契机。

[一] 资料来源于 2020 年 2 月 4 日虎嗅网专访永辉超市总裁李国。

华泰证券研究所分析认为，此次新冠肺炎疫情或将进一步加快线下向线上的迁移，特别是在 2B 领域，将在几个方面带来增量需求：在线协同办公、视频会议、区域医疗信息化、互联网医疗、企业上云。

过去几年，各行各业对于云服务早已形成共识，很多企业逐步将自身业务从传统的 IT 架构向云端迁移。但在向云端迁移的过程中，行为转变与数据迁移都需要成本，也存在惰性。经历本次危机之后，各个企业快速建立对云产品的认知与使用习惯，我非常希望大家就此养成数字化、云化的习惯，让企业成为全面拥有数字化能力的企业。

企业要真正动起来，让自己成为一家拥有数字化技术的公司，无论是你的商业模式，还是你的组织运行模式，都要变成数字化模式，而不要让数字化停留在理念上。

发展模式变革：共生价值成长

伴随互联网技术的普及，企业管理者们都已经意识到，企业发展模式的确是改变了，但是大部分企业依然习惯于保持原有的发展模式，并未做出彻底的变革。

之所以强调要做出彻底的变革，是因为大部分企业现在所固有的发展模式，是在线性的、持续性的产业条件下形成的。在这种模式下，企业按照行业经验、环境预测，以及自有优势来规划、设计企业的发展模式，由此而形成的发展习惯是：追求规模增长，关注竞争，也习惯性地认为，扩大投资就能获得规模。

事实是，今天的企业发展环境变了。我们所处的环境不再是线性的、连续性的，而是非线性的、非连续性的，会出现拐点，甚至是断点，不确定性、不可预测、复杂性才是基本特征。在这样的环境下，企业固有的优势和发展要素都已经不再是关键影响要素。在巨变的环境里，你甚至不知道对手是谁，扩大投资也不再能直接获得规模。

在持续研究中，我一直强调，在今天的技术环境下，企业发展模式要从竞争模式转向共生模式，要从规模增长转为价值增长，要用创新驱动增长而不是投资驱动增长。在一个不确定的环境下，企业需要有双业务模式，既要做透原有的主营业务，也要布局新业务，以此来与不确定性共处。对于今天的企业而言，企业发展的核心问题是：如何面对不确定性？如何创新价值空间？如何协同行业内外的合作伙伴，为顾客创造新的价值？

在此次危机中，中小企业的困境牵动着很多人的心。政府陆续出台相关政策帮助中小企业抵抗危机，企业之间也在展开"共生"救助。"每一个奋斗者都不会被辜负。"为了帮助中小企业纾困，全力支持稳就业、保民生工作，京东集团及其下属企业将通过余缺调剂、岗位共享等创新模式，面向全社会提供超过 3.5 万人的就业岗位，最大限度地减少疫情在短期内对就业产生的冲击。

"非常时期，共克时艰。"联想集团将提供短期工作机会，诚邀临时歇业的企业商户员工来上班，工厂将提供电脑、服务器、手机的组装与包装等临时工作机会，帮助中小企业扛过困难期。

"期待你的加入，共同战'疫'，保障民生！"生鲜电商平台美菜网宣布在全国 40 个城市招募 4000 名分拣员和 6000 名配送司机，并诚邀更多的企业将员工在特殊时期"共享"给美菜网，与美菜网的战友们一起合作，为群众每日的生活而战斗。⊖

这些"共享员工"的举措一方面为一些中小企业纾困，另一方面也帮助用工企业快速响应危机带来的需求，扩大自己的经营，同时也说明这些企业具有"共生"的价值理念，以及形成共生协同工作的组织能力。通过此次危机，我们了解到为什么一些企业可以快速响应，而另外一些企业却非常被动，除了前面讲的数字化能力，第二个影响因素就是，后者不具有共生价值成长的能力，发展模式滞后于这个时代，在遭遇重大危机冲击时，滞后表现得更加突出，危机只是让弱点暴露得更快而已。事实上，企业如果不做出发展模式的变革，迟早也是要被淘汰的。

很多人问我，是不是到了数字化时代才需要共生发展模式，答案既是，也不是。为什么我会这样回答呢？我先来向大家介绍一个案例。

美国西斯科（Sysco）公司成立于 1969 年，由 John F. Baugh 创立，总部位于美国得克萨斯州，创立之初为咖啡馆、医院、学校提供送餐服务。目前，西斯科分支机构遍布北美地区，是北美

⊖ 资料来源于《商业周刊》中文版，https://mp.weixin.qq.com/s/_UES6cNrzcVP240IWut07Q。

最大的食品销售企业，也是美国最大的食品配送企业，为约 42
万家餐厅、学校、医院等客户提供包括肉类、蔬菜、水果、厨房
用品等食材，于 1970 年 3 月在纽交所上市。2018 财年，西斯科
的销售额为 587.27 亿美元，净利润为 14.31 亿美元，市值超 370
亿美元。2019 年在《财富》世界 500 强榜单上位列 172 位。

西斯科向全球 90 多个不同国家和地区的客户提供全系列产品
支持，涵盖四大业务：美国餐饮食品业务（以本土为重点向餐馆、
医疗保健、教育机构等大中型客户分销配送全系列食品和各种非
食品产品）；美国定制餐饮食品业务（以专业技能解决客户烹饪和
产品的定制化、个性化需求）；国际餐饮食品业务（为 90 多个国
家和地区的消费者提供品牌和独特的客户体验）；其他（含酒店供
应、西斯科实验室等）。

目前，西斯科的业务范围已覆盖北美和欧洲等大部分地区，
共拥有 332 家线下配送中心，配送车辆达到 1.4 万辆（其中自有
车辆占比为 88%），且大部分具有冷藏配置。经过半个世纪的发
展，西斯科已拥有稳定、清晰且规模庞大的客户群体，包括餐饮
机构、医疗保健机构、教育机构、政府机构、旅游机构、零售商
等其他食品零售企业，共计超 60 万家，其中餐饮（含连锁餐厅及
饭店）类型占 60% 以上，成为西斯科服务的重点群体。

西斯科是如何发展到今天这样的规模的？这是我关心的问题。
研究这家公司发展的历程，不难发现西斯科能够将上面所提到的

业务范围扩张、产品线条完善、客户群体扩大、服务方式提升等落地，最关键的原因是，它始终围绕着自己一贯坚持的以"改善客户整体体验"为核心的经营理念。

让我们来看看西斯科的价值观体系。在西斯科看来，西斯科的声誉是建立在商业行为和公平交易的最高道德标准之上的，所以西斯科每天都要求员工在工作中展示公司的使命、愿景和价值观。

西斯科的公司使命是：明天更美好。西斯科将努力照顾好人，负责任地提供产品，并在未来几年内保护地球。西斯科的公司愿景是：成为客户最重要和最值得信赖的商业伙伴。西斯科的公司价值观是：不论企业发展到什么阶段，始终相信，共同的价值观将使大家团结在一起，贯穿着西斯科成长、发展的所有阶段。我们再来听听客户怎么说：西斯科与我们合作，确保我们获得我们期望的优质成分，同时积极与我们合作以保持成本。[⊖]

我想这就是西斯科得以发展的核心关键——与客户共生，成为客户最重要和最值得信赖的商业伙伴。所以，并不是因为数字化时代，企业发展模式才转向共生价值成长模式，与客户价值共生是优秀公司发展的共性特征，这在我进行的有关中国领先企业研究中，也可以得到验证。但是，这一时期，选择竞争模式获取发展的企业还是占主流。

⊖ 资料来源于西斯科官方网站。

　　来到数字化时代，共生价值成长成为企业普遍选择的发展模式，互联网与数字技术带来企业间更广泛的互动，行业与行业之间、顾客与企业之间、企业与社会之间、生产与消费之间等边界都融合在一起，万物互联一体，没有企业可以独自发展。在有关数字化时代企业战略的研究中，我们得出结论：工业时代企业的战略逻辑是竞争，数字化时代企业的战略逻辑是共生，我们都需要跟上时代的步伐。

组织管理模式变革：领导优于管理

　　此次疫情危机中，生命考验、时间压力、防控与复工、舆情与信息等，复杂性、不确定性夹杂在一起，其难度以及挑战都无法估量；每一个决策、每一个选择都极其困难。这样的危机，对组织管理能力是一次巨大的考验。我们从中既看到了混乱，也看到了有序；既看到了贻误战机，也看到了高效得力。究其背后的原因，卓越的领导力带来了有序与高效，一味在意管控与权限带来混乱并贻误了战机。现实的观察，引发我不得不去思考：管理到底发挥了什么样的作用？

　　从功能作用来看，管理是让繁复的层级得以维持运营的主要方法。20 世纪初，韦伯首先提出了科层制组织（bureaucracy），自此之后，这个组织形式成为人们大量采用的组织管理模式。科层制组织有着准确、及时、高效的优势，很适合大规模生产对组织效率的需求。科层制组织之所以有这样的优势，是因为它最大的特征就是层级结构，这一结构方式有利于自上而下的指令传递和执行，从而获得稳定性与效率。

但是，也正因为如此，科层制组织有着非常明显的缺陷，我每次为学生们讲解这一组织模式时，都会特别强调它的局限性：①层级结构决定了晋升机制是奖励取得绩效的管理者，这意味着晋升到高层的管理者，会形成依赖过去成功的经验；换个角度看，就是一旦环境变化，他们的经验也许无法应对。②如果不能有效管理信息传递与沟通，很容易形成信息依赖和信息过滤。一个信息，经过层级结构，被不同的人进行加工、过滤，得到的结论会是完全不同的，从而导致决策偏差。③如果组织结构固化，僵化与官僚则不可避免。层级结构的组织模式，塑造的是权威关系、角色认知和服从命令的习性，以确保组织的稳定性。

在管理实践中，我们不难发现，关注管理的人，更多的是关注预算与计划、职责划分与权力界限；他们往往更关注指令和流程，关注控制与问题。在遇到决策难题的时候，注重管理的人，常常去寻求流程或者组织文件的帮助，确保自己在程序上不出错，或者按公司文件规定行事。

所以，管理在一个稳定的结构里，可以发挥有效的价值。但在一个复杂、多变、灵敏的多维交叉、平行互动的网络中，管理可能会成为阻碍力量，特别是只关注流程和权限，不面对变化的管理，所带来的负面影响是非常明显的。

遭遇危机时，一切都是不确定的，原有的经验无法提供帮助，没有规定和文件指引，甚至处在混乱和无序之中，固有的流程也不起作用。如果管理者依然遵循管理程序、文件及权责界限，那么，一旦危机到来，很多管理者必然会成为解决危机的障碍。

因此，我决定去观察：到底是什么样的人能够在危机中快速做出决策并带领组织摆脱危机。就如我在第三章所描述的那样，正是那些具有卓越领导力的人，他们在遭遇危机时，能够让组织有明确的方向与目标，能够联合组织成员，激励和鼓舞人们去实现目标。大量的实践证明，面对危机时需要领导而不是管理。

我在从事组织管理研究与教学的过程中发现，在大部分组织管理系统中，人们并未很好地理解领导这个职能，大家习惯性地把担负领导责任的人称为领导，这个理解是有误区的。

领导的定义是指在一定条件下，指引和影响个人或组织，实现某种目标的行动过程。管理与领导的差异一直是我所关注的话题，2012 ～ 2019 年间，我访谈了 23 家企业的领导者，他们所领导的企业，都在数字化技术背景下取得了很好的成长。在总结他们的领导特质时，我得出的结论是：他们已经不是传统意义上的管理者，他们是布道者、设计者和伙伴。这些新的领导者特质，使得他们能够引领企业，在巨变的环境中让组织有清晰、合理的方向，并帮助成员理解和认同这个方向。他们能够激励成员改变自我或者激励他人去创造性地工作，迎接挑战和冲击，以便在实现目标的过程中遇到重大问题时，组织成员有足够的能力一起克服困难，共渡难关。

变化的环境中就需要这样的领导者，他们能发展新的组织和业务，并帮助原有组织和业务适应变化了的环境。这就是我为什么强调，经此危机，组织管理模式需要从关注管理转向关注领导。

在危机中，原有的组织管理经验和组织系统习惯，已经不再奏效，一个组织想要成功，就需要有能力处理多维相关的问题；能快速做出自我改变；能够带来有效变化，并具有创造性地去解决问题、高效行动的能力。这些能力对今天的成功而言，越来越关键。如果组织要获得这些能力，则需要发挥领导功效。

身在危机之中，组织成员需要依靠领导者发挥作用。黄亮给我发来他写给公司同事的一封信。作为大唐商旅的 CEO，他非常清楚此次疫情危机对行业、对公司的影响，所以他决定用一封信告知同事们他的想法，包括他对危机以及对未来的看法。他写道：

> 大灾、大难、大混沌之后也有大意义。损失的是金钱，得到的是难得的思考和提升智慧的机会。旅游业仍是新兴产业，驱动过去十几年高速增长的飞轮已经变钝了，永远没有持续的增长。不破不立，这"破"与"立"之间的哲学关系才是我们今天要深刻思考的"得到"。这次算是大大的"破"了，但"立"的旅途漫漫，让我们沉下心来，重新攀上新的高度。

他在微信里写了一段话给我："和风细雨是打磨不出一个真正的团队的，所有的创业者要充分面对这次危机，梳理商业模式、寻找自救方法，提升员工能力。应该在此时练好内功，一起期待行业复苏的春天。"看到黄亮写给员工的信以及发来的微信，我可以感受到他面对危机时的领导力，更期待大唐商旅在他的带领下，度过此次危机并迎来新的发展。

不确定性、复杂性和不可预测性会是今后环境的基本态，我们需要汲取这次危机中组织管理的教训，主动变革传统的、封闭的、僵化的组织模式，改变管理者画地为牢、管控为主的管理习惯；训练管理者的领导力，真正发挥其领导职能，让管理者能够引领和激励组织成员，一起去面对不确定性，克服障碍，取得更大的成长。当管理者具有领导力时，组织才具有面对不确定性的能力。

工作模式变革：智能协同

这次疫情危机以一种极为特殊的方式，改变了人们的出行、沟通以及工作行为习惯，人们从开始的不适应，到想办法适应，再到现在已经开始在线、独立、协同工作的模式。在家办公，工作效率如何不受影响？缺乏在线平台能力和数字化能力的企业，一时束手无策，但是也有企业能够适时调整，字节跳动就是这样一家公司，在满足 5 万人在线高效协同办公的同时，还"贡献"了一个自身的远程办公产品。

具有协同工作平台、价值网络与价值伙伴成员的企业，如腾讯、美的、阿里巴巴、复星等企业能够在此次危机中快速反应，高效行动，不仅在疫情防控战中发挥了巨大的作用，也在调整企业自身应对措施中占有先机。

让我们先来看一份报告。IDC《2018年下半年中国企业团队协同软件市场跟踪报告》显示，2018年下半年中国企业团队协同软件市场规模为8026.5万美元，同比增长23.8%。

2018年全年中国企业团队协同软件市场厂商整体收入1.37亿美元，同比增长26.2%。IDC预测，到2023年，中国企业团队协同软件市场规模将达到3.88亿美元，未来5年整体市场年复合增长率为23.1%。到2023年，SaaS模式的企业团队协同软件市场份额将从2018年的19.8%上升到31.8%。

企业微信于2016年发布，2017年企业微信与微信企业号合并，是腾讯为企业打造的专业办公管理工具，与微信互通，提供丰富免费的办公应用，并与微信消息、小程序、微信支付等互通，助力企业高效办公和管理。

企业微信将"微信连接一切"的愿景带入企业办公领域，除了完成企业微信与企业客户的连接，企业微信在此前已经完成了另外两步：企业内部的连接以及企业与所在行业上下游的连接。基于这种理念，截至目前，中国500强企业中的80%正在通过企业微信进行数字化转型。

阿里钉钉成立于2015年。2019年6月，阿里宣布钉钉进入阿里云智能事业群，钉钉也因此被放在了支撑企业数字化转型的基础设施的位置。钉钉作为数字化转型2.0时代的一个平台级的引领者和推动者，实现了企业内部跨部门高效协同。钉钉企业组织数突破 1000 万，成为全球最大的软硬件一体智能移动工作平台。钉钉沟通协同将全新升级，打造为工作而生的 IM（即时通信软件），构建沟通协同统一场，"沟通即协同"，让工作更高效、更智能。[⊖]

从这份报告可以了解到，数字化转型中的智能协同工作模式已经成为趋势，疫情危机只是加快了新工作方式到来的步伐。从未来的发展需求来说，智能协同是因应企业面向未来战略必须做出的选择，同时，智能协同工作方式，也更适合组织中个体成员的内在需求。

"新生代员工"已经成为企业中的核心力量，他们最在意的是自主、独立、创造价值。智能协同的工作方式，其核心是每个个体更独立，同时协同关系更便捷和高效，更多人协同在一个网络结构之中、在一个群组之中。每一个工作单元成员，可以是灵活便捷的组合，组织成员也可以同时在各种不同的组合之中，信息要求更透明、对称，而成员之间是围绕着任务展开工作，不是围绕着权力或者流程展开工作，这就要求企业对传统的办公模式进行彻底变革。

2019 年，我和朱丽针对数字化时代组织效率的来源展开研

⊖　技术驱动：中国协同办公正在变革创新，2019-11-14，https://baijiahao.baidu.com/s?id=1647529561995556132。

究，我们的结论是：协同是组织系统效率最大化的来源。数字化时代不仅改变了生产流程和消费者的行为习惯，同时对管理提出了崭新的要求。企业资源中的人、财、物、信息等日趋复杂且被赋予了鲜明的时代特点。

从社会层面来讲，经历了农业社会到工业社会再到信息社会的过程，数字化时代的信息社会要求个体突破"信息孤岛"；从人的层面来讲，人体能的重要性由知识取代，创意的重要性日益凸显，创新之间的碰撞会产生新的价值高地，因此创新需要人能够突破"创新孤岛"；从员工的层面来讲，由最初的劳工关系转变为雇员关系，进化到合作伙伴关系，员工或其所在的部门是业务流程的执行方，而业务流程的整合需要员工或部门之间突破"业务孤岛"；从组织的层面来讲，组织结构由原来的直线型到层级型，再到现在的网状型，其核心是通过组织结构的设计更好地整合资源，突破"资源孤岛"。因此现有的"信息孤岛""创新孤岛""业务孤岛""资源孤岛"的存在呼吁新的协同管理模式，创造出无障碍、无边界、立体、多维度、多通道的网状关联通道，突破"孤岛"现状，对分散的资源进行整合，统一管理和调配以创造更大的价值。[⊖]

以上是从组织内部系统看，从组织外部系统看，价值伙伴构成的协同网络能够带来高效的价值创造与价值共生，智能协同工作方式可以为价值伙伴带来更高的沟通效率，构建更有效的工作

⊖ 陈春花，朱丽. 协同：数字化时代组织效率的本质 [M]. 北京：机械工业出版社，2019.

技术平台、更便捷的协同方式，实现更高效的价值共创。在此次疫情危机中，协同智能工作平台所发挥的作用，更让人相信，未来一定要转到这个方向上来。

虎嗅的一篇"当中国无法接受离线：云服务迎来井喷期"的文章中介绍：

> 华为云 WeLink 开放了"远程医疗方案"，包括提供远程诊疗、远程探视、远程会议、病案收集、定向推送等五大功能。专家医生可进行全方位的高清远程会诊指导，及时诊断和医治，远程会议支持千人同时在线。另外，医生可在后台统一查看、统计案例，让疫情管理更智能。
>
> 过去一周里，包括上述医院在内的 520 家医院，华为云 WeLink 已为 1152 家医疗相关企业提供服务。对一线抗疫的医护人员来说，效率就是生命，云服务的这次"补位"来得很及时。
>
> 同一天，在另一个疫情防控的关键城市——北京，一个集合了千余名医生，并基于华为云技术的"北京市新型冠状病毒感染肺炎在线医生咨询平台"正式上线。在线诊疗是云服务的另一个重要应用场景，新冠病毒的高传染性导致医院成为交叉感染的高风险区域，同时，激增的病患数量使各大医院不堪重负，在线诊疗势在必行。⊖

⊖ 当中国无法接受离线：云服务迎来井喷期，2020-02-07，https://mp.weixin.qq.com/s/UhAi8vkALM1n6G3p_twGhA。

　　智能协同工作方式的核心是精简组织结构，让组织成员可以更贴近顾客和价值伙伴成员，让企业与价值伙伴、顾客之间边界融合，而由此带来的是企业与价值伙伴成员更高效的协同合作，改变和重构价值链或者价值网的价值。

公众沟通与传播模式变革：私域流量的影响

《麻省理工学院技术评论》2月12日在"技术与健康"栏目刊文称，这次的新型冠状病毒实际上是第一次通过社交媒体传播的"信息流行病"——社交媒体以前所未有的速度压缩了来自全世界的信息和谣言，人们很难获得真实信息。这就加剧了恐慌、种族歧视以及对希望的渴求等情绪和行为的蔓延。[一]

这段评论非常精准。信息传播导致的慌乱、不安的情绪蔓延，也导致信息真伪难辨，让很多工作无法有效、有序地展开。为什么会造成这种现象？影响因素一定很多，但其中一个影响因素也许是没有充分认识到"私域流量"的影响力。

[一] 《中国科学报》2020年2月15日，作者：赵广立。

坦白讲,我在此次危机之前,并未关注私域流量这个词。虽然我自己设立"春暖花开"微信公众号已经有 5 年的时间,2019年阅读量达到 1100 多万,但是因为我从未考虑用其从事商业活动,所以也就未去关注这些流量对商业的意义是什么。然而,在这次疫情危机中,我深深感受到私域流量的巨大影响力,这吸引了我去研究它。

搜索百度百科词条,私域流量是相对于公域流量来说的概念,简单来说是指不用付费,可以在任意时间、任意频次,直接触达用户的渠道,比如自媒体、用户群、微信号等,也就是 KOC(关键意见消费者)可辐射到的圈层。它是一个社交电商领域的概念。

什么是公域流量呢?公域流量也叫平台流量,它不属于单一个体,而是被集体所共有的流量,是商家通过淘宝、京东、拼多多、携程、大众点评、美团、饿了么这些平台进行销售所获取的流量。

公域流量是平台决定流量分发,比如今日头条、腾讯新闻基于兴趣推荐的信息流资讯就是公域流量。私域流量是自己掌控流量分发与用户触达,个人号、微信群等是典型的私域流量。公域流量与私域流量之间最本质的区别是,私域流量是一个基于信任关系的封闭性流量,而公域流量是一个基于参与关系的开放性流量。

正因为私域流量具有信任背书，所以私域流量能够拉近人们之间的距离，经过信息供给把同类人群集合在一起，而这些人的聚集让私域流量交互在一起，所产生的影响力就会非常巨大。

因为猝不及防的重大危机事件，人们特别想快速获得与事件有关的信息，同时也非常在意信息的可信度，所以，当公域流量与私域流量一起分发信息流量时，人们会关注公域流量的内容，但是往往会更加信任来自私域流量的内容，此次疫情危机就是一个例子。

在疫情防控期间，大众最想信息透明、公开和及时。但是，各种信息满天飞，人们很难辨识。在这种情况下，人们更相信微信公众号、朋友圈所传递出来的信息，以至于腾讯及时上线"腾讯新闻较真平台"小程序，对各类疫情消息、焦点问题、防护措施等进行较真查证、核实辟谣。但是，人们还是不断从微信朋友圈、各种微信公众号中获取、转发、传播信息。

不过，如果从另一个视角去理解私域流量的作用，会带来新的可能性。用好"私域流量"的影响力，建立有效的沟通模式，可以快速构建与顾客的关系，从而通过信任高效展开业务。

步步高超市在此次疫情危机中逆势增长的实践，可以给大家这方面的启发。疫情危机到来，步步高超市用 48 小时上线"小步到家"业务。据了解步步高的人透露，2020 年 1 月，步步高超市的销售收入同比增长了 43%，线上"小步到家"业务环比增长了 3 倍，平均客单价超过 120 元。其中，大年初一至初八，线上订单销售占比超过 10%。

"小步到家"业务方式是在每一个超市覆盖的小区，征集一位住户作为这个小区社群的团长，通过微信群的方式进行下单。每个小区的团长既是"消费者"也是"销售员"。不同的团长用自己的方式拉其他住户入群（例如小区业主群），并通过自身对其他住户的了解和影响力或其他住户对团长的信任，完成对消费者的认知教育并促成购买。

这种社群模式相较传统社区门店，首先，节省了物理空间费用、商品积压成本以及现场销售人员费用。其次，小区住户之间的关系相比传统零售商与消费者之间更加紧密。消费者更信任来自同一个小区的消费者——团长，而团长也更了解同一个小区其他消费者的特定购物需求，更容易影响他们的购买行为。这种基于人与人的信任或了解基础上的营销行为，能够快速消除消费者对接受新商品的心理障碍，加速其对商品的认知并产生购买行为。如果商品符合消费者的预期，由此形成的消费者忠诚度也是较高的。⊖

步步高超市借助人与人的信任构建全新的业务模式，快速构

⊖ 48 小时上线的"小步到家"有哪些创新"硬核"，2020-02-07，https://mp.weixin.qq.com/s/9jwftoipxpWNrjU7KQUH_Q。

建消费者与步步高品牌之间的互动与信任关系，加速消费者对步步高商品的认知并产生购买行为，自然在疫情危机中获得了业务收入的增长。

随着数字技术更深入的发展，人人都是自媒体已经成为事实。我们需要真正地认识到"私域流量"的影响力，转换企业与公众、与顾客、与社群沟通的能力，企业要真正转换传播沟通的方式以及业务模式，升级自己的认知，以及对于新的媒介技术、新的传播技术的理解，确保自己跟上消费者变化的步伐，以及技术变化的步伐。

应对危机的生存之道 6

危机会导致一些长久性的、根本性的变
化，这些变化会重构价值与格局。

·····································

应对之道：

根本性的变化会为那些愿意自我反思
并锐意变革的企业提供许多成长机会。

结语　伟大的名字总有它的分量

在新型冠状病毒横行的日子里，我们相信一个名字会给我们带来力量，这个名字就是医护人员。

佛经上说，"生命就在呼吸之间"。疫情突如其来，把人们一下子推到生命的边缘来考察自己的一切。有人恐慌，有人退却，有人不知所措，更有人自己放弃了争斗。但有一群人，他们迎着生命的挑战，默默地战斗，他们冷静、沉着，以一颗颗挚诚、义无反顾的心面对疫情；他们无言，有的是实实在在的行动。

如果说人类是伟大的，那么人类中最伟大者之一便是医护人员。这个名字真正了不起，他们所做的是真正了不起的事，可以让我们从这个名字身上学到许多功课：

- 坚守岗位和职责
- 施予是一种美德
- 更多的善意和付出
- 更多的宽容和理解
- 总是为别人着想
- 于平凡中见伟大
- 心地宽广的人并不抱怨自己的地位
- 只要能帮助别人，无论做什么事，都不会有损他的尊严
- 做好本分之事就可以成就伟大

每天打开微信，看到一个又一个疲惫而又坚韧的身影，一个又一个真实的故事，我都忍不住泪流，人世间处处可见人的卑下的自私和高贵的无私相对照。我无法描述这个名字有何等的尊荣，因为它不是尊荣的代名词，这个名字是撇下荣华，披上卑微，心存平常，而且忍受痛苦的。

人们习惯把自己的生活分成感情与行动两部分，人们并不缺乏同情心和怜悯心，而是不能把这份感情化为行动。要行动一定得牺牲，而大多数人不愿牺牲，这是普通人的基本属性。要是肯分担他人的苦恼、负担他人的担子、供应他人的需要，在这样做的时候，你就接近了伟大，属于这个名字的人做到了。

> 有人喜欢
>
> 在教堂的钟声下工作
>
> 我却喜欢
>
> 在地狱的门口救人

此时我想到这首诗。

我选择此文作为本书的结束语，想用这本书向奋战在一线的医护人员致敬！从他们身上，我学习到：只要不畏惧危机，只要肯分担他人的担子，只要做好本分之事，你就可以成就伟大。

附录 答记者问

在疫情发生后，很多媒体朋友来电或在线与我讨论此次疫情对经济、企业的影响，以及应对危机的话题，我从5家媒体采访报道中甄选了一些大家普遍关注的问题，将其梳理如下，这些提问及回答已经发布在相关的媒体，它们分别来自：

·《经济日报》2020年2月3日09版发表的【关注】；
·《光明日报》2月13日07版发表的【智库问答】；
·《解放日报》2020年2月8日04版发表的【要闻】；
·搜狐智库2020年2月5日发表的文章；
·网易研究局2020年2月7日发表的文章。

在此，感谢《经济日报》的胡文鹏、《光明日报》的李晓、《解放日报》的高渊、《搜狐新闻》的王德民、《网易财经》的郭瑞超提出的问题及撰写的报道、文章，它们也引发了我更多的思考。

1. 这场疫情对经济发展会有多大影响？是否会对我国经济中长期发展趋势产生影响？

——经济日报、解放日报、网易财经、光明智库

陈春花：疫情对经济的影响，很多专家都给出了预判。

从宏观的角度看，需求和生产骤降，对投资、消费、出口都会造成明显的影响，短期内有可能带来失业增加和物价上涨。

从中观角度看，餐饮、旅游、电影、交通运输、教育培训等受到的冲击最大，医药医疗、在线游戏等行业受益。恒大研究院的报告显示，7天春节长假，电影票房70亿元（市场预测）+餐饮零售5000亿元（假设腰斩）+旅游市场5000亿元（完全冻结），仅这三个行业的直接经济损失就超过1万亿元。

从对微观个体的影响看，民营企业、小微企业、农民工等受损程度较大。

一方面，我们要承认疫情对中国经济产生了巨大影响，我们都要去承受经济下行的压力；另一方面，我们也要清醒地认识到中国经济的基本面还是会保持增长。

未来，我国经济发展应当更加注重以下方面：经济发展模式转型，追求经济与社会综合发展；推动面向数字化转型的各个产业和行业的发展；促进社会治理与公共事业发展模式的转变；大力增加科技研究投入，持续增大科学研究对经济、社会发展的贡献度；关注人才培养，尤其是面向未来的人才培养，推进教育事业发展；大力扶持中小企业，激活富有潜能的不同类型的企业，促使其持续成长。

2. 疫情对企业的影响大概会持续多久？ 哪些行业受疫情影响较大？

——网易财经、光明智库

陈春花：此次疫情对于不同企业的影响是不一样的。

比如，年后开工第一天，全民迎来远程协同办公时代。这带来的直接后果是：钉钉、企业微信等协同办公系统都被短时间内涌入的巨大流量冲击，服务出现不稳定。根据钉钉提供的数据，2月3日，有近2亿人开启了在家办公模式。

所以，此次疫情对于医疗医药、健康保险、在线、大数据、智能以及业务模式与此相关的企业，都会有比较正向的促进作用，而且会持续推进发展。传统企业，尤其是依赖于线下、业务单一、盈利能力弱的中小企业，这一次受损程度会很大。

对企业的影响会持续多久，需要根据疫情防控和政策对冲，以及恢复经济活动等因素来判断，但是对于中小企业来说，此次疫情波及面广，对行业、产业和产业生态影响甚大，**持续时间可能比较长**。

3. 很多企业在危机发生时才发现自身存在很多问题。企业日常运营中的哪些行为可能导致企业遇到问题就面临崩溃的情形？

——搜狐智库、网易财经

陈春花：在经济环境发展较好或者较平稳时，企业遇到的挑战和冲击没有那么大，企业只需要做好日常运营、提供好的产品或者服务、有自己的核心能力，总体上会表现出较好的经营结果。而一旦遇到危机，考验企业的要素变了，就如此次疫情中，自身免疫力好的个体抗风险的能力就强，企业也是一样，在面对危机时要看企业自身的免疫系统。

这个免疫系统包括：**稳健的财务，尤其是良好的现金储备，良性的业务结构，有质量的规模，成本能力，优秀的领导者以及**

上下同欲的组织成员，还有良好的顾客关系以及价值伙伴关系，跟上消费者习惯的改变，跟上技术变化的趋势。

从这样的角度去看，企业在稳定的经济环境中，如果不注重保守的财务，不注重有质量的发展，不在意亏损而只在意扩张，不注重内部运行效率和成本水平而只会管控，没有长期主义而太关注短期，不构建价值伙伴关系而自己去做全产业链，跟不上顾客或者消费者习惯的，对于技术变化无动于衷，还是沿着原有的经验和商业模式去做事，这样的企业，在遇到危机的时候，往往会先遭遇挑战。

4. 中小企业有可能遭遇寒冬吗？

——经济日报、解放日报

陈春花：虽然经历了 2019 年的努力调整，但是到年底很多中小企业应该说只是"弱企稳"，自身的基础还比较薄弱。2020 年开年疫情突然来袭，中小企业无论是心理上还是策略上，都没有任何准备，尤其是现金储备不足。在疫情防控加紧的时期，我担心一些中小企业的现金流断裂。所以，**我建议在打好疫情防控战的同时，还要打另一场防控战，就是防控中小企业倒闭，这不仅仅会影响到人民群众的日常生活，还会引发失业增加，带来社会问题。**

5. 在帮助中小企业度过危机的过程中，政府可以提供哪些支持？

——经济日报、搜狐智库、光明智库、网易财经

陈春花：这场保护中小企业的防控战，需要政府和中小企业一起发力。在特殊时期，政府要发挥主体作用，出台相应的政策和措施来帮助中小企业渡过难关，保持中小企业群体发展的稳定性，从而为恢复经济增长和社会稳定奠定坚实的基础。

2002 年 11 月至 2003 年 6 月，"非典"期间，在国家财政政策方面，主要通过财政减免、补助补贴、国债支持三类支持措施抗击"非典"。而在货币政策方面，总体保持稳健，维持流动性合理充裕，通过适当信贷倾斜等方式支持抗击"非典"工作。

借鉴 2003 年抗击"非典"的经验，政府需要加大减税和帮扶中小企业的政策力度。适当减免受疫情影响严重的行业的增值税，降低相关的所得税。给予受疫情影响期间受损行业财政补贴。

兼顾企业和员工的利益，落实员工带薪休假制度的同时，延长假期及推迟复工期间的薪酬支付由企业合理安排而非强制工资，减少企业因负担过重而复工后大幅裁员的现象出现，减免一些需要中小企业负担的费用，降低企业的负担。

加大对参与捐赠的企业和个人予以所得税抵扣的力度，鼓励

社会捐赠。

对于企业而言，可以考虑给予特殊时期还本付息延期支持，探讨如何在贷款、金融等相关领域给予支持和帮助。

再者，如何尽快恢复生活物资的供应，如何平衡疫情防控和经济与生活的恢复，是一个系统工程，需要政府部门多维度地展开工作。

从长期来看，政府还应在激活企业发展活力、促进经济高质量发展方面给予政策倾斜。如给予科研投入补贴、培训学习与人才培养补贴，出台支持企业转型、高质量增长的扶持政策等。

6. 成功的企业都是一样的，失败的企业各有各失败的因素，中小企业可以如何自救"突围"呢？

——经济日报、搜狐智库、解放日报、网易财经

陈春花：无论是在顺境还是逆境中，中小企业都需要依靠自身的能力寻找出路，找到突破危机的方法。很多企业也是在危机中找到了发展的新模式，捕捉契机，逆境成长。我对中小企业的发展有如下建议。

第一，需要有信心。因为在面对危机的时候，信心比黄金重要。

疫情带来的影响，的确让中小企业焦虑。我知道经营企业很苦，我在对有着超过100年历史的公司研究中，发现这些企业都经历过充满危机的环境，有的甚至处在增长已经陷入停滞的行业。但是，这些企业的领导者通过自身的艰苦努力，带领企业取得了同行无法比拟的增长。年复一年，**不管经济是处在繁荣阶段还是衰退时期，保持增长都是企业领导者坚定不移的信念**。增长是一种理念，要以这样的理念来指导企业的行动。在当下，信心是最重要的。

第二，关注现金流。在外部市场没有恢复的情况下，最直接有效的行动是从内部挖潜，保证现金流不断。其中最需要做的，是挑战极限式地降低成本，一些还未产生价值的业务可以先停下来，亏损的业务一定要停掉。

在刚刚过去的2019年，很多企业已经调整了发展模式，在今天的疫情下，还需要有更强的危机意识，更坚定地开展自我救赎，必须削减费用、剥离不良业务、杜绝亏损和没有质量的增长。只有确保现金流，才能确保竞争力。

对于拥有良好现金流的中小企业，我依然建议重构自己的成本，因为应对不确定性是一种常态能力。但与此同时，我希望有能力的中小企业，在迅速做"减法"的同时，也要做"加法"。

第三，与员工达成共识，建立命运共同体，共渡难关。

第四，寻找合作共生的机会。 比如一些餐厅停业时，可与盒马鲜生等新零售公司合作，派遣员工到这些新零售公司暂时工作。

第五，创新业务，寻求尽快恢复经营的可能性。

我以一个近期看到的案例来说明。2020 年 2 月媒体报道，《眉州东坡正常营业，包括武汉店！总裁梁棣："怕是没有结果的，必须战！"》。

报道中说，1 月 21 日，新型冠状病毒疫情开始扩散，随后，各省市陆续拉响一级响应警报。越来越多的餐饮企业选择了闭店，但眉州东坡的选择是：全国 100 多家门店，能开的都开着。

眉州东坡董事长王刚说："宁愿战死商场，也不坐等结果。"眉州东坡总裁梁棣表示："每当一个危机出现的时候，都可以产生新的生意机会点，但是，新的生意机会点在哪里，我现在还不知道。我们必须去战，必须去干，才可能找到。我们是做餐饮的，突然疫情来了，没有生意了，那食材怎么办？我们就卖菜，在门店门口，弄一个便民平价菜站。老百姓可能不下馆子了，但大家还得吃蔬菜。"

　　梁棟还介绍："必须开店，必须让员工有工作，让整个管理处于有序的状态。但风险是，万一有员工感染了怎么办？这也是我们比较担忧的，所以，我们制定了详细的员工防控措施、餐厅防控措施等。"

7. 国内外有哪些应对危机比较好的企业经验可供我们借鉴？
——搜狐智库

　　陈春花：过去的研究显示，优秀的企业都是经历了危机的考验而成长起来的。比如，在 1933 年全球经济大危机时，IBM 因为美国市场停滞，为了遵守自己的企业价值观，确保员工能够保有岗位和薪资，被迫转向开发海外市场，IBM 也因此成为一家全球性公司。

　　在 1997 年的亚洲金融危机中，三星选择了挑战极限式地降低成本，反而一举成为全球消费电子的行业领袖。

　　在 2008 年的全球金融危机中，华为选择了用智力资本驱动增长，持续进行技术创新与投入，成为全球领域内的领先者。

　　这些企业共同的特点，**都是把危机看成机会，确信企业的增长不受危机的影响；企业都拥有良好的基础能力，包括财务能力；企业管理者都具有经营意志力，并能够清晰地领导企业摆脱危机。**

8. 对于企业管理者来说，当下最重要的是什么？

——解放日报

陈春花：身处不同行业的企业，所要面对的情况会有所不同。但我想有一点是共通的，**就是要学会与疫情中的不确定性共处。**

这种不确定性会持续发生，企业不只需要有直面它的勇气，更需要有认知它并与它共处的能力。做到这一点的关键是改变自己。也就是说，中小企业要以疫情下的不确定性为经营背景，这已经不是原有的熟悉的经营环境了，要用新的方式去认知当下。**在危机来临的时候，必须重视和强调人的主观努力，强调企业自身的能力，而非环境的约束。只有这样，才可以真正与不确定性相处，与动荡的世界相处。**

9. 延期复工的企业现在能做什么？

——解放日报

陈春花：组织管理中，最怕出现的情形之一就是"组织懈怠"。受疫情影响，人们在心理上也会有很多不同的变化。如何面对疫情的新变化，如何帮员工收心，如何帮员工安定自我、恢复正常的生活和工作状态，都是组织管理者需要面对的问题。

很多中小企业已经采取了灵活有效的工作方式，有的开启在线工作模式，有的让员工在虚拟小组中学习。企业如果充分利用好这段特殊的工作时间，也许会带来不一样的能力提升效果。

我可以介绍一家企业的做法。在这个延长的假期里，青岛特锐德电气公司发文给每一位员工，明确通知全员进入"战备"状态，开启"在线工作"模式。主要做法是：三在（在家上班、在群上岗、在线培训）；三补（补齐 2019 年未完善的总结分析，补充完善 2020 年战略落地工作的思考，补足平时没时间做的反思）；一研究（提前研究 2020 年战略落地工作部署，特别是上半年的工作方案）；一提升（提升个人能力，研习专业课程）。

按照这个详尽的在线工作计划安排，我相信这家公司的员工会以最快的速度恢复到正常工作状态，甚至会如公司所要求的那样，进入"战备"状态。

10.　复工后，管理者如何稳定团队、凝聚人心？

——网易财经

陈春花：企业稳定团队的核心是让员工看到希望，并有具体的工作安排。

第一，企业领导者自己要有信心和经营意志力。越是在困难的时候，越需要领导者发挥作用，给大家以信心和指引。

第二，确定公司应对疫情危机的具体措施，并与员工明确沟通。

第三，确定公司长期发展方向，让员工看到未来和希望。

第四，为在疫情期间遇到具体困难的员工提供解决方案，并帮助员工有效进入工作状态。

第五，展开与合作伙伴的协同与共生，加快恢复生产经营，为推动行业和社会经济发展寻找策略。

第六，强化内部交流与学习，传导企业文化和价值观，使员工与企业达成共识，上下同欲。

11. 企业平日应该做哪些准备，加强企业的反脆弱能力，应对"黑天鹅"事件？

——网易财经、搜狐智库

陈春花：这个问题的答案是非常明确的，很多企业的管理者都了解，一个免疫力好的企业，至少在核心业务基础上建立 4 种能力。

第一，领先的市场核心能力；

第二，较强的盈利能力；

第三，较强的抗竞争能力；

第四，较好的企业综合能力和稳固的财务基础。

所以企业在日常运营中，需要围绕这 4 种能力展开工作，强化自身的免疫力。当冲击来临时，具有强免疫力的企业会更有韧性和抵抗力。

12. 2003 年"非典"疫情结束之后，互联网企业以新业态的形式涌现，释放出巨大的商机。受新冠肺炎疫情影响，中国未来经济发展业态会出现哪些新变化？

——光明智库、网易财经

陈春花：正如 2003 年"非典"之后互联网企业以新业态发展起来一样，经此疫情之后，也会诞生很多新的商业机会，可能是以下几个领域。

一是智慧城市。围绕智慧城市运行的相关领域，会产生新的商机。

二是在线模式。在线模式将广泛应用于人们日常生活的需求消费端，线上娱乐、游戏、教育、知识付费等都会有很好的发展。

三是新工作模式。在本次疫情中，字节跳动、苏宁、华为等企业都选择了远程办公，而钉钉、企业微信等协同办公工具的业务呈爆发式增长，未来远程办公会成为众多行业的选择。

四是大健康领域。人们的保险意识将得到加强，有可能增大对保险的支出。同时，保健品和保健食品可能会大有需求，大健康领域将蓄积更大的发展能量。

五是线上线下融合。无论是零售业，还是围绕商业所展开的物流配送、社区服务等领域，都将有更多机会。

六是 AI 与大数据领域。AI 技术与大数据技术嵌入的领域同样会产生新的发展可能性。

致 谢

写作这本书占据了我这个特殊春节假期的几乎大部分时间。起初，我只是想在"春暖花开"微信公众号上，为企业如何应对这场疫情危机撰写对策文章，之后开始接受一些媒体的采访。随着危机的发展，葛新鼓励我为企业界写一本书，帮助大家找到在危机中生存下来的方法，于是这本书应运而生。

若没有葛新的鼓励，我恐怕没有勇气用这么短的时间去写作这本书。紧接着，知室小伙伴们迅速开始收集相关资料、设计封面，正是你们相信我有能力深入思考并撰写这本我注定该写的书，促使我成为更敏感于企业的困境、更愿意与企业在一起的作者。我也要感谢机械工业出版社华章公司和策划编辑华蕾，让这本书在最短的时间得以问世。

有关企业如何面对危机、如何在逆境中成长，一直是我关注和研究的话题之一，但是这一次危机带来的不确定性和挑战，依然让我深深感受到企业管理者的压力，尤其是中小企业管理者的压力。所以，我要求自己，要立足于解决危机中企业该如何做的问题，而不是去探讨我已经确定的一些研究结论；我必须去寻找可行动的方案，而不是去寻求体系的完整性。

为了做到这些，我需要倾听企业界的真实声音，了解他们在危机中的真实感受，在此我要特别感谢新希望集团的刘永好、大童保险的蒋铭和李晓婧、德拓数据的谢赟、智慧树网的王晖、新潮传媒的张继学、蓝帆医疗的刘文静、金彭公司的鹿守光、特锐德的于德翔、大唐商旅的黄亮、光明乳业的罗海、新华都零售的陈文杰、华策影视的赵依芳、康恩贝的胡季强、金蝶软件的徐少春。正是你们面对危机所做出的努力，给了我很多启发。在与你们的交流中，无论是你们的思考，还是你们提出的问题，都让我能够直接去理解企业面对这场危机的压力是什么，正是这些，帮助我确定了这本书的落脚点。

在写作这本书的过程中，我要特别感谢媒体界的朋友们。《中国企业家》何振红和万建民在疫情危机初发之时就安排电话采访，探讨此次危机对经济的影响；《第一财经》的张媛连线讨论应对危机的话题，《经济日报》的胡文鹏，《光明日报》的李晓，《解放日报》的高渊,《哈佛商业评论》的李全伟、赵阁宁,《四川日报》的刘志杰,《网易财经》的郭瑞超,《搜狐新闻》的王德民,《第一财经》的刘珍等媒体界的朋友,分别给出问题与我探讨。这些问题的提出,以及我们之间的对话,帮助我更清晰地确定了写作的脉络,以及需要特别关注的话题。《第一财经》的张志清、詹仲毅,《财新》的张帆,《凤凰网》的胡捷,《腾讯新闻》的李奕希,《中国MBA网》的马鸿儒,《商业评论》的旷世敏,《今日头条》的张小凡,《百家号》的韩越等媒体界的朋友更从传播的视角,给予了我很多帮助,这些帮助引发的相关问题的讨论,不仅让我更直接感受到企业界所关注的问题之所在,也让我确定了这本书需要去面对的问题。

我还要感谢王方华、赵曙明、杜运周、尹俊、刘国恩、汪寿阳、赵向阳等老师,你们传递给我的有关你们的想法,以及与16位管理学者为企业建言的合作,是激励我写作本书的动力。

最后我还要特别感谢我的妈妈、三姐、葛新、王晖、王爸爸和王妈妈。我几乎是全天候进行写作,除了必要的锻炼和休息,完全沉浸在写作之中,好在有你们的陪伴,并保障我在这段特殊的日子里,有精美的食物,有安逸的居家时光,让我得以安心地完成这本我必须要写的书。

2020年2月16日

陈春花管理经典

关于中国企业成长的学问

一、理解管理的必修课		
1.《经营的本质》	978-7-111-54935-2	59.00
2.《管理的常识：让管理发挥绩效的8个基本概念》	978-7-111-54878-2	45.00
3.《回归营销基本层面》	978-7-111-54837-9	45.00
4.《激活个体：互联网时代的组织管理新范式》	978-7-111-54570-5	49.00
5.《中国管理问题10大解析》	978-7-111-54838-6	49.00
二、向卓越企业学习		
6.《领先之道》	978-7-111-54919-2	59.00
7.《高成长企业组织与文化创新》	978-7-111-54871-3	49.00
8.《中国领先企业管理思想研究》	978-7-111-54567-5	59.00
三、构筑增长的基础		
9.《成为价值型企业》	978-7-111-54777-8	45.00
10.《争夺价值链》	978-7-111-54936-9	59.00
11.《超越竞争：微利时代的经营模式》	978-7-111-54892-8	45.00
12.《冬天的作为：企业如何逆境增长》	978-7-111-54765-5	45.00
13.《激活组织：从个体价值到集合智慧》	978-7-111-56578-9	49.00
四、文化夯实根基		
14.《从理念到行为习惯：企业文化管理》	978-7-111-54713-6	49.00
15.《企业文化塑造》	978-7-111-54800-3	45.00
五、底层逻辑		
16.《我读管理经典》	978-7-111-54659-7	45.00
17.《经济发展与价值选择》	978-7-111-54890-4	45.00
六、企业转型与变革		
18.《改变是组织最大的资产：新希望六和转型实务》	978-7-111-56324-2	49.00
19.《共识：与经理人的九封交流信》	978-7-111-56321-1	39.00

春暖花开系列

书名	ISBN	定价
让心淡然（珍藏版）	978-7-111-54744-0	59.00
在苍茫中点灯（珍藏版）	978-7-111-54712-9	39.00
手比头高（珍藏版）	978-7-111-54697-9	39.00
让心安住（珍藏版）	978-7-111-54672-6	49.00
高效能青年人的七项修炼	978-7-111-54566-8	39.00
大学的意义	978-7-111-54020-5	39.00
掬水月在手	978-7-111-54760-0	39.00
波尔多之夏	978-7-111-55699-2	49.00
让心纯净	978-7-111-59429-1	79.00

华章经典·管理

ISBN	书 名	价 格	作 者
978-7-111-59411-6	论领导力	50.00	（美）詹姆斯 G. 马奇 蒂里·韦尔
978-7-111-59308-9	自由竞争的未来	65.00	（美）C.K.普拉哈拉德 文卡特·拉马斯瓦米
978-7-111-41732-3	科学管理原理（珍藏版）	30.00	（美）弗雷德里克·泰勒
978-7-111-41814-6	权力与影响力（珍藏版）	39.00	（美）约翰 P. 科特
978-7-111-41878-8	管理行为（珍藏版）	59.00	（美）赫伯特 A. 西蒙
978-7-111-41900-6	彼得原理（珍藏版）	35.00	（美）劳伦斯·彼得 雷蒙德·赫尔
978-7-111-42280-8	工业管理与一般管理 （珍藏版）	35.00	（法）亨利·法约尔
978-7-111-42276-1	经理人员的职能（珍藏版）	49.00	（美）切斯特 I.巴纳德
978-7-111-53046-6	转危为安	69.00	（美）W.爱德华·戴明
978-7-111-42247-1	马斯洛论管理（珍藏版）	50.00	（美）亚伯拉罕·马斯洛 德博拉 C. 斯蒂芬斯 加里·海尔
978-7-111-42275-4	Z理论（珍藏版）	40.00	（美）威廉 大内
978-7-111-45355-0	戴明的新经济观	39.00	（美）W. 爱德华·戴明
978-7-111-42277-8	决策是如何产生的 （珍藏版）	40.00	（美）詹姆斯 G.马奇
978-7-111-52690-2	组织与管理	40.00	（美）切斯特·巴纳德
978-7-111-53285-9	工业文明的社会问题	40.00	（美）乔治·埃尔顿·梅奥
978-7-111-42263-1	组织（珍藏版）	45.00	（美）詹姆斯·马奇 赫伯特·西蒙